Marilyn Monroe

Guus Luijters

MOEWIG

Deutsche Erstausgabe
Aus dem Englischen von Beate Gormann
Titel der holländischen Originalausgabe *Marilyn Monroe Autobiografisch*

Umschlagentwurf und –gestaltung: Liz Nicholson
Innenlayout: Ranch Associates
Textbearbeitung: Hans Arthur Marsiske
Druck und Bindung: VPM, Rastatt
Printed in Germany 1991
ISBN 3-8118-3080-5

Das Buch erschien erstmals bei Loeb Uitgevers BV, Amsterdam, Holland. Die Klärung der Bildrechte erfolgte beim Originalverlag.

inhalt

einleitung

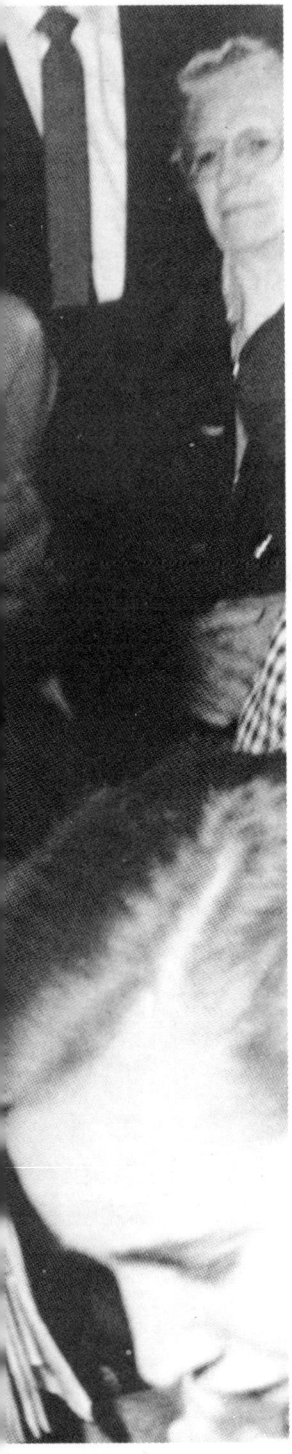

Marilyn Monroe war das größte Fotomodell, das die Welt je gesehen hat. Ihr Medium war die Fotografie, ihr ganzes Leben drehte sich um Fotos. Durch die Fotografie wurde sie entdeckt, und durch ihre Fotos wurde sie populär; ihre Ehen entstanden durch Fotos, ebenso wie ihre Scheidungen durch Fotos verursacht wurden. Nicht wegen einer Handvoll klassischer Filme erinnern wir uns an Marilyn Monroe, sondern aufgrund von Tausenden wunderbaren Fotos.

Erst nach siebzehn B-Filmen und zwei hervorragenden Nebenrollen durfte Marilyn in einem wirklich bedeutenden Film eine Hauptrolle übernehmen *Blondinen bevorzugt* (Gentlemen Prefer Blondes) von Howard Hawks. Das war 1953, und Marilyn war durch ihre Fotos bereits ein Superstar. Sie war eine große Schauspielerin, die oft alle anderen Mitspieler in den Schatten stellte: In *Blondinen bevorzugt, Das verflixte siebente Jahr* (The Seven Year Itch) und *Manche mögen's heiß* (Some Like It Hot) stand sie unzweifelhaft im Mittelpunkt. Der dritte Film war auch ein riesiger Kinoerfolg, aber Marilyns persönliche Popularität stellte die Beliebtheit des Films bei weitem in den Schatten.

Eve Arnold, eine Top-Fotografin, die in den frühen fünfziger Jahren mit der Monroe gearbeitet hat, schreibt über Marilyn: „Sie wußte, daß sie großartig war, wenn man sie fotografierte, und das gefiel ihr. Sie mußte nicht wie in den Filmen eine Rolle lernen. Sie konnte ihrer Phantasie freien Lauf lassen, ohne sich um Inhalt und Kontinuität kümmern zu müssen, und für jeden Fotografen und für jedes Bild konnte sie eine andere Marilyn sein. Immer war es ihre Party, oft gab es Champagner und Musik, und immer stand sie im Mittelpunkt. Sie mag Marilyn selbst erfunden haben, aber sie hatte viele Helfer – die Fotografen, die sie fotografierten."

John Springer (viele Jahre Marilyns PR-Agent) sagt: „Man konnte mit ihr über ihren letzten Film reden, der vielleicht ein Triumph gewesen war. Das war okay, und sie freute sich darüber. Aber wenn man mit ihr über ihre letzte Fotosession sprach . . ., dann begannen ihre Augen zu glänzen."

Marilyn, die nie die Schauspielkunst erlernt hatte, wurde zu einem der größten Kinostars überhaupt. Tausende von Bildern bestätigen dies, und nur Marilyn selbst kann durch eigene Aussagen diese Bilder bereichern. Das geschah in unzähligen Interviews, die die Geschichte ihres Lebens erzählen.

Es gibt unzählige Biographien über Marilyn Monroe, aber keine Autobiographie. Dieses Buch kommt dem am nächsten.

Guus Luijters

jugend

Marilyn Monroes früheste Erinnerung: Als Baby wurde sie von ihrer Großmutter, die später geisteskrank wurde, nach Hause gebracht.
„Ich erinnere mich, wie ich aufwachte und um mein Leben kämpfte. Irgend etwas wurde auf mein Gesicht gedrückt, vielleicht ein Kissen. Ich kämpfte mit aller Kraft."

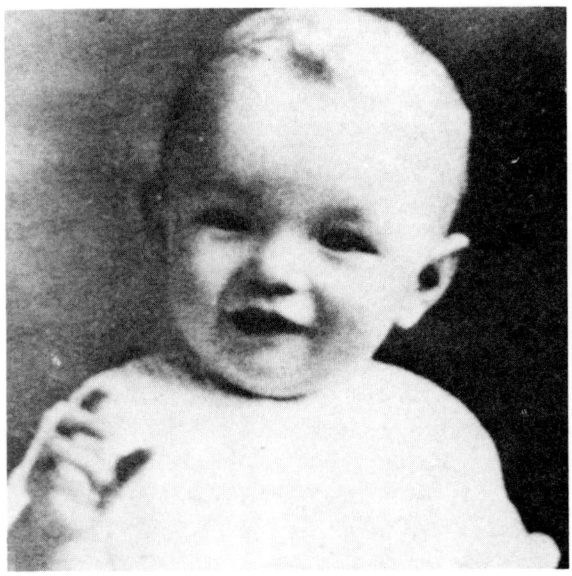

„An meinen Vater kann ich mich nicht erinnern. Er soll ein großer, schlanker, gut aussehender Mann gewesen sein. Als ich sechs Monate alt war, soll er bei einem Autounfall ums Leben gekommen sein. Mein Vater ist Abraham Lincoln – ich meine, ich empfinde Abraham Lincoln als meinen Vater. Er war weise, freundlich und gut. Lincoln ist mein Ideal, ich liebe ihn."

„Auf meiner Geburtsurkunde steht Norma Jean Mortenson. Mein Vater soll vor meiner Geburt bei einem Autounfall ums Leben gekommen sein, und so habe ich das auch immer weitererzählt – ungeprüft. Ich wuchs als Waisenkind auf und hatte elf oder zwölf verschiedene Pflegeeltern. Ich will sie nicht alle nachzählen, um zu

sehen, ob es wirklich elf oder zwölf waren. Bitte fragen Sie mich nicht danach. Es macht mich depressiv. Bei einigen Familien blieb ich länger, andere wurden meiner nach kurzer Zeit überdrüssig. Vielleicht habe ich sie nervös gemacht oder so."

Marilyns Mutter arbeitete in einem Filmstudio. Ihren Vater lernte Marilyn nie kennen, aber sie stellte sich oft vor, es wäre Clark Gable oder ein anderer berühmter Filmstar und er würde sie eines Tages entführen . . .

„Ich erinnere mich nur daran, daß ich ganz auf mich gestellt war. Ganz allein. Für eine furchtbar lange Zeit. Meine Mutter hieß Gladys Monroe Baker, und mein richtiger Name war Norma Jean Baker. Er wurde geändert, als man beschloß, mich aufzubauen. Sie ändern alles nach Belieben.

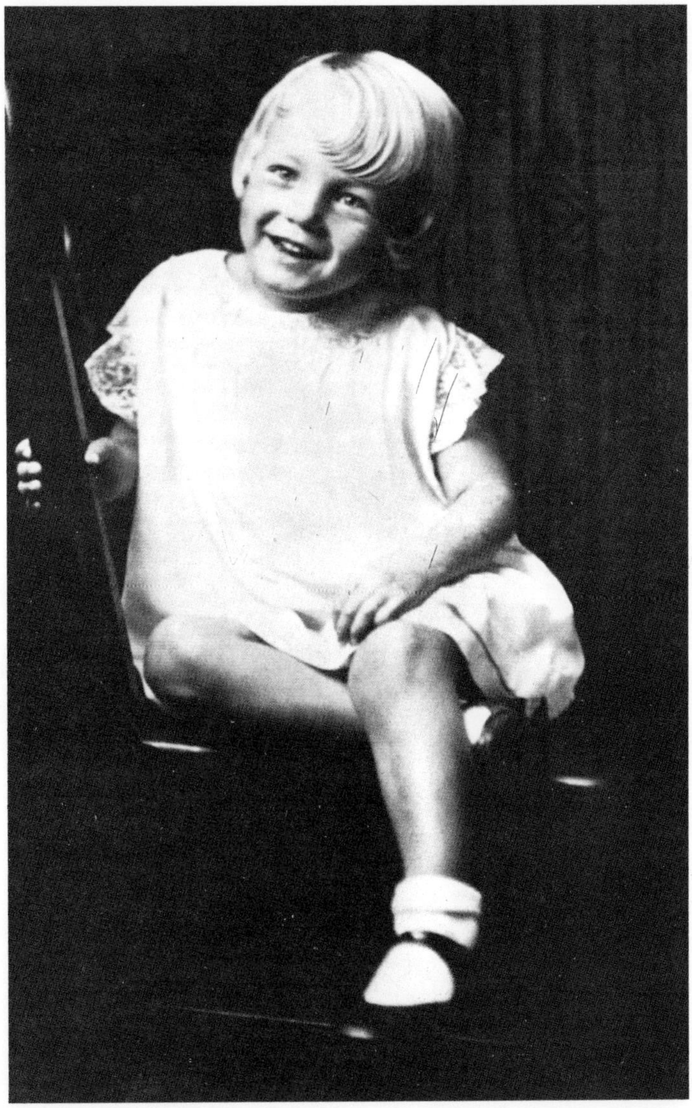

Ich war eigentlich ein Fehler. Meine Mutter wollte mich nicht, ich glaube, sie hat mich nie gewollt. Wahrscheinlich stand ich ihr nur im Weg. Für eine geschiedene Frau ist es schon schwer genug, einen Mann zu bekommen, aber wenn sie auch noch ein uneheliches Kind hat . . . Ich wünschte . . . ich wünsche mir eigentlich noch immer . . . daß sie mich gewollt hätte.

Wenn ich bei diesen fremden Leuten war, glaubte und hoffte ich immer, daß eines Tages ein netter Mann kommen und sagen

würde: „Ich bin gekommen, um meine Tochter abzuholen". Dann hätte ich mich endlich sicher und geborgen gefühlt. Ich gab die Hoffnung niemals auf. Manchmal zog ich mich sogar besonders schön an, weil ich glaubte, daß er an diesem Tag kommen würde. Ich wollte bereit sein für ihn. Aber er kam nie. Niemand kam . . ."

„Ich war nicht daran gewöhnt, glücklich zu sein und habe Glück nie für etwas Selbstverständliches gehalten. Sehen Sie, ich wuchs anders als das amerikanische Durchschnittskind auf, weil das Durchschnittskind erwartet, glücklich zu sein – erfolgreich, glücklich, und das alles zur rechten Zeit."

„Als ich älter wurde, wußte ich, daß ich anders war, weil es in meinem Leben keine Küsse und Versprechungen gab. Oft war ich einsam und wollte sterben. So versuchte ich, mich mit Tagträumen aufzumuntern. Ich träumte nie, daß mich jemand liebte, so wie andere Kinder geliebt wurden. Das überstieg meine Vorstellungskraft. Aber ich schloß einen Kompromiß und träumte, daß jemand (abgesehen von Gott) mir Aufmerksamkeit schenkte, mich ansah und meinen Namen sagte."

Nach einer Reihe von Pflegeeltern kam Marilyn in ein Waisenhaus.
„Vorher war ich wenigstens bei Menschen gewesen. Vielleicht haben sie mich nicht gewollt, aber es war besser als das Heim. Das war wie ein Gefängnis. Außerdem war ich kein Waisenkind. Ein Waisenkind hat keine Eltern. Alle anderen Kinder dort hatten keine Eltern mehr. Ich hatte noch eine Mutter. Aber die wollte mich nicht. Ich schämte mich, das den anderen Kindern dort zu erklären . . .

Spülen, spülen, spülen. Ich wußte, daß ich Tellerwäscherin werden würde. Es war das einzige, was ich je lernte.

Ich fühlte mich nie dazugehörig, auch nicht im Heim. Glücklich war ich nur, wenn wir ins Kino durften. Ich liebte Filme. Das war mein einziges Vergnügen, und die Stars waren meine Freunde. Das war meine Freiheit."

„Die erste Familie, bei der ich lebte, sagte, ich dürfe nicht ins Kino gehen, weil es Sünde sei. Sie sagten, die Welt könne bald untergehen, und wenn ich in dem Moment gerade etwas Sündhaftes tun würde, käme ich in die Hölle. Wenn ich mich also mal ins Kino schleichen konnte, verbrachte ich dort die meiste Zeit mit Beten, daß die Welt nicht untergehen würde, während ich dort war."

„Mein Bedürfnis, Aufmerksamkeit zu erregen, spielte wohl eine Rolle bei den Problemen, die ich sonntags in der Kirche hatte. Wenn ich mich hingesetzt hatte, die Orgel spielte und die Gemeinde sang, verspürte ich den unwiderstehlichen Drang, all meine Kleidung abzulegen. Ich wollte ganz nackt dastehen, damit Gott und die anderen mich ansehen würden. Ich mußte die Zähne zusammenbeißen und mich auf meine Hände setzen, damit ich mich nicht auszog. Manchmal war es so schlimm, daß ich beten und den Herrn bitten mußte, mir Kraft zu geben, daß ich es nicht tat."

„Der Drang, nackt zu sein, und meine Träume hatten nichts mit Sünde zu tun. Wenn ich träumte, daß die Leute mich ansahen, war ich weniger einsam. Ich wünschte mir, daß sie mich nackt sehen würden, weil ich mich wegen meiner Kleider schämte – es war das blaßblaue Kleid der Armut, das sich nie änderte. Nackt war ich wie die anderen Mädchen und nicht jemand in einer Waisenuniform."

„Ich träumte, daß ich stolz in schönen Kleidern umherging und von allen bewundert wurde und Worte des Lobs hörte. Ich dachte mir das Lob aus und wiederholte es laut, so als ob jemand anders es sagte."

„Als ich ein Kind war, schickten mich manche meiner Pflegeeltern ins Kino, damit ich nicht ständig herumlungerte und ihnen im Weg war. Ich saß den ganzen Tag über bis zum Abend in der ersten Reihe, ein kleines Mädchen allein vor der riesigen Leinwand, und ich liebte das. Ich liebte alles, alles, was sich da vorne bewegte, mir entging nichts – und ich brauchte kein Popcorn."

„Die Menschen wollen mich sehen. Ich erinnere mich an die Jahre, als ich unerwünscht war, als niemand das kleine Dienstmädchen Norma Jean sehen wollte, nicht einmal seine Mutter. Es verschafft mir Befriedigung, die Menschen zu bestrafen, die mich jetzt wollen. Aber eigentlich bestrafe ich nicht sie, sondern die Menschen in der Vergangenheit, die Norma Jean nicht wollten . . . je unpünktlicher ich bin, desto glücklicher wird Norma Jean."

„Das ist nicht Marilyn Monroe in der Wanne, sondern Norma Jean. Es ist ein Fest für sie. Früher mußte sie in Wasser baden, das schon sechs bis acht Leute vor ihr benutzt hatten. Jetzt kann sie in Wasser baden, das so klar und durchsichtig ist wie Glas. Norma Jean kann nicht genug bekommen von frischem Wasser, das nach echtem Parfüm duftet."

Marilyn Monroe stotterte als Kind:
„Selbst heute stottere ich noch manchmal, wenn ich nervös oder aufgeregt bin. Einmal hatte ich eine kleine Rolle in einer Szene, in der ich eine Treppe hinaufgehen mußte. Ich habe vergessen, was passierte, aber der Regieassistent kam und schimpfte, und ich war so aufgeregt, daß ich bei der Wiederholung meine Zeile nicht herausbrachte! Nur ein furchtbares Gestammel. Der Regisseur war wütend und schrie: ‚Sie stottern doch nicht etwa?' – ‚M-m-meinen S-s-sie nicht?' sagte ich . . ."

Marilyns Leben wurde bisweilen als „das perfekte Märchen vom Aschenputtel" beschrieben.
„Ich weiß nicht, wie sie darauf kommen: Ich habe keinen Prinzen bekommen. Ich hatte nie eine gute Fee im Leben. Vielleicht ist es der Aufstieg von der Armut zum Reichtum für sie. Nicht daß ich im Moment schon reich wäre, aber die Dinge fangen an, sich zu entwickeln."

model

1942 wurde Marilyn ein beliebtes Fotomodell . . .

„Diese Firma stellte nicht nur Flugzeuge her, sondern auch Fallschirme. Eine Zeitlang war ich mit der Kontrolle der Fallschirme beschäftigt. Dann durften wir Mädchen das nicht mehr. Die Fallschirme wurden draußen kontrolliert, aber das hatte wohl nichts mit mir zu tun. Dann sprühte ich Schmiere auf die Flugzeuge. Die Schmiere ist so ein flüssiges Zeug, eine Mischung aus Amylacetat und Leim.

Ich war ein paar Tage krank. Als ich zurückkam, waren die Armeefotografen aus den Hal Roach Studios da. Sie machten Fotos, während ich die Flugzeuge schmierte. Die Jungs von der Armee sahen mich und fragten: ‚Wo kommst *du* denn her?‘

‚Ich war krank geschrieben‘, sagte ich.

‚Komm nach draußen‘, sagten sie, ‚wir machen ein paar Fotos von dir.‘

‚Ich kann nicht,‘ sagte ich, ‚ich werde Ärger mit den anderen Damen hier kriegen, wenn ich meine Arbeit nicht mache und nach draußen gehe.‘ Aber diese Fotografen ließen nicht locker. Sie bekamen eine Sondergenehmigung von dem Direktor, Mister Whosis, und ich durfte mit ihnen nach draußen. Zuerst mußte ich bei den Flugzeugen Modell stehen; dann fragten sie mich: ‚Hast du keinen Pullover?‘

‚Doch‘, antwortete ich, ‚zufällig habe ich einen dabei. Er ist in meinem Fach.‘ Also stand ich im Pullover Modell. Einer der Fotografen sagte die ganze Zeit: ‚Du solltest als Modell arbeiten‘, aber ich dachte, er flirtet nur. Ein paar Wochen später brachte er die Farbfotos vorbei und sagte, daß man bei Eastman Kodak gefragt habe: ‚Wer um alles in der Welt ist dieses Fotomodell?‘

Da begann ich zu glauben, daß er vielleicht doch keinen Spaß gemacht hatte, als er sagte, ich solle als Modell arbeiten. Ich hörte, daß ein Mädchen als Modell fünf Dollar pro Stunde verdienen konnte. Das war etwas ganz anderes, als zehn Stunden am Tag für das Geld, das ich bei dieser Flugzeugfirma verdient hatte, zu arbeiten. Und es war viel besser als im Waisenhaus, wo ich fünf Cents pro Woche für die Arbeit in der Speisekammer oder zehn Cents pro Monat für die Arbeit in der Küche bekommen hatte. Von diesen Riesenbeträgen mußte jeden Sonntag auch noch ein Penny für die Kollekte gespendet werden. Ich habe nie verstanden, warum einem Waisenkind dafür Geld abgenommen wurde.“

„Es gab immer noch viel Sex. Die Jungs erwarteten das, es gehörte einfach dazu. Aber statt mich zu bezahlen, fotografierten sie mich jetzt. Das gefiel mir besser. Ich stand gerne Modell, denn meistens sah ich auf den Bildern besser aus als in Wirklichkeit."

„Ich trug ein rotes Kleid auf einer Party im Beverly Hills Hotel. Es war ein schönes Kleid, die Kopie eines französischen Modells und kostete ein Vermögen. Eine Kolumnistin schrieb, daß ich billig und vulgär darin aussähe und daß sogar ein Kartoffelsack besser gewesen wäre. Also sagte jemand von der Werbung: ‚Okay, warum fotografieren wir Marilyn nicht in einem Kartoffelsack?'

Ich war einverstanden, solange ich lange Ohrringe und ein zehn Zentimeter breites Armband tragen durfte. Ich weiß nicht, ob das Foto tatsächlich in über vierhundert Zeitungen erschien, aber ich weiß, daß es überall gedruckt wurde. Eine Kartoffelfirma in Twin Falls, Idaho, schickte mir einen Sack Kartoffeln. Damals herrschte gerade Kartoffelmangel, und die Jungs von der Werbung klauten sie alle. Ich habe keine einzige abbekommen. Daher frage ich immer: ‚Kann man einem Mann aus der Werbung etwa trauen?‘“

„Als die Leute im Studio zum ersten Mal von dem Kalender hörten, waren alle aus dem Häuschen. Sie riefen mich bei den Dreharbeiten zu einem B-Film mit dem Titel *Versuchung auf 809* (Don't Bother to Knock) an. Der Mann am Telefon fragte: ‚Was hat es mit diesem Kalender mit den Nacktfotos auf sich? Ist das wahr?‘

‚Ja‘, antwortete ich. ‚Ist dagegen irgend etwas einzuwenden? Es hat also jemand herausgefunden, daß ich die Frau in diesem Kalender bin! Man sollte es nicht für möglich halten!‘

‚Herausgefunden!' schrie er. ‚Du bist da komplett und in Farbe abgebildet!' Er war offensichtlich sehr verwirrt, denn erst sagte er: ‚Leugne einfach alles', und dann meinte er: ‚Sag am besten gar nichts. Ich komme sofort.'

Ich arbeitete im Fox Western Avenue Studio, als dieser besorgte Mann händeringend hereinstürzte. Er betonte, wie schrecklich es sei, daß ich für so ein Foto Modell gestanden hätte. Entschuldigend entgegnete ich: ‚Ich dachte, das Licht, das der Fotograf benutzte, würde mich verbergen.' Der Mann bekam daraufhin fast einen Herzschlag."

„Es gab immer noch viel Sex. Die Jungs erwarteten das, es gehörte einfach dazu. Aber statt mich zu bezahlen, fotografierten sie mich jetzt."

„Ich war damals mit meiner Miete im Hollywood Studio Club im Rückstand. Dort wohnen Mädchen, die hoffen, beim Film groß herauszukommen, und man darf höchstens mit einer Wochenmiete im Rückstand sein. Aber ich muß ihnen wohl leid getan haben, denn sie schickten mir drei Mahnungen. Viele

Fotografen hatten mich gebeten, nackt Modell zu stehen, aber ich hatte immer abgelehnt. Für normales Modellstehen bekam ich fünf Dollar pro Stunde, aber für ein Nacktmodell gab es fünfzig Dollar pro Stunde. Ich rief Tom Kelley an, einen Fotografen, den ich kannte, und sagte: ‚Ich soll hier ausziehen. Wann können wir anfangen?' Er sagte: ‚Morgen.'

Ich mußte mich ja nicht anziehen, also dauerte es nicht lange. Ich meine, es dauert länger, sich anzuziehen, als sich auszuziehen. Ich sagte zu Tom: ‚Bitte laß niemanden zuschauen, nur deine Frau Natalie.' Er stimmte zu. Er machte nur zwei Einstellungen. Auf einem Foto sitze ich, und auf dem anderen liege ich. Ich glaube, das Foto, auf dem ich liege, ist das beste.

Kurz bevor ich für den Film *Versuchung auf 809* zurück zur Fox ging, war ich für einen Film mit dem Titel *Vor dem neuen Tag* (Clash by Night) an die RKO ausgeliehen worden. Als ich bei der RKO war, riefen geheimnisvolle Leute Jerry Wald, den Produzenten, an und versuchten, ihn zu erpressen. Sie sagten, es würde bekanntwerden, daß ich nackt für einen Kalender Modell

gestanden habe, und daß eine solche Nachricht das Aus für *Vor dem neuen Tag* bedeuten würde, falls Mr. Wald nicht dies und jenes tun würde."

„Ich hebe eine Kopie für meine Enkel auf. Es gibt sogar einen Laden in Los Angeles, der es auf Büstenhalter oder Höschen reproduziert. Aber ich habe nur ein paar Kopien signiert, meistens für kranke Leute. Eine habe ich für den Kameramann des Films signiert, an dem ich gerade arbeitete, als die Kalender-Geschichte herauskam. Einmal schrieb ich: ‚Dies ist vielleicht nicht gerade meine beste Seite', und ein anderes Mal: ‚Sehe ich mit langem Haar besser aus?'"

Als Antwort auf die Frage, ob sie als „Mädchen von nebenan" fotografiert werden wolle:
„Das ist einfach zu lächerlich. Ich würde jede Zeitschrift hereinlassen, damit sie das wenige, was ich im Haus tue, fotografiert. Aber es ist nicht sehr interessant. Ich kann Ihnen jedenfalls versichern, daß ich keine Kuchen backe."

„Einmal zeigte mir jemand ein Album mit den schönsten Aufnahmen, die ich je gesehen hatte. Ich meinte: ‚Sie sind wunderschön! Wer hat sie gemacht?' Ein junger Mann stand die ganze Zeit dabei. Ich sagte: ‚Er soll mich fotografieren.' Ich hatte viele Termine, wäre aber bereit gewesen, die ganze Nacht über Modell zu stehen. Ich fragte: ‚Wo ist dieser Fotograf?' Es war der junge Mann, der dabeistand. Ich sagte: ‚Er ist ja noch ein Kind.' Er war zweiunddreißig, aber ich fand, er sah aus wie neunzehn. Er hätte mich immer fotografieren sollen. Ich bin viel fotografiert worden, aber mit Milton Greene habe ich eine neue Seite entdeckt, neue Hoffnung. Erst Miltons Bilder haben mir wirklich gefallen. Milton ist begabt . . . er ist nicht einfach ein Fotograf, sondern ein wirklicher Künstler. Selbst Mode, die meistens langweilig ist, kann er so schön fotografieren! Ich arbeite mit anderen guten

Mit Milton Greene

Fotografen, aber er ist ein großer Künstler. Er ist sehr originell . . . man wird noch viel über ihn sprechen. Er ist ein sehr . . . es ist vor allem seine Sensibilität, die ihn zu einem solchen Künstler macht. Es war das erste Mal, daß ich keine Pose einnehmen mußte. Er gab mir Zeit zum Nachdenken, aber seine Kamera arbeitete die ganze Zeit. Ich merkte es nicht einmal. Ich lernte Milton zwei Tage vor seiner Hochzeit kennen. Als ich das hörte, war ich sehr traurig, aber nur für fünf Minuten."

starlet

Zu der Zeit, als Marilyn Monroe noch mit Jim Dougherty verheiratet war und dieser zur See fuhr, schlug sie die Zeit unter anderem damit tot, daß sie in Cafés herumsaß.

„Diese Bars waren voll von Agenten. Oder zumindest von Typen, die so taten. Viele Mädchen, die dort herumhingen, hofften, daß sie so zum Film kommen würden. Ich glaube, dieser Agent mochte mich wirklich. Wir trafen uns ein paarmal. Er sagte, daß ich etwas Besonderes sei und daß ich das Aussehen für den Film hätte. Er sagte, wenn ich *das*, was ich tat, mit den richtigen Männern tun würde, könnte ich zum Film kommen. Ich lachte ihn aus und antwortete, daß ich nicht schauspielern könne. Er erwiderte, die und die könnten das auch nicht, und zählte einige große Schauspielerinnen auf. Ich dachte darüber nach, als er gegangen war. Vielleicht hatte er recht. Zuerst war es nur ein Gedanke. Aber er wurde immer stärker. Es wurde mein Ziel, mein einziges Ziel, das erste, das ich je hatte."

„Alle in Hollywood waren da, um die neuen Mädchen zu sehen. Wir hatten die Wahl. Wir konnten uns mit einem jungen, attraktiven Schauspieler einlassen und etwas Spaß haben. Oder wir konnten mit einem großen Tier mitgehen und ein paar Dollar verdienen. Und mit etwas Glück würde man eine Rolle

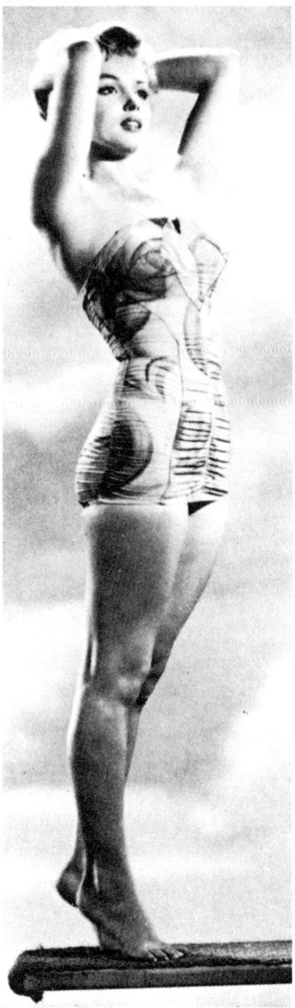

bekommen. Die meisten von uns versuchten, einen alten Knaben zu finden. Ich wurde ziemlich schnell bekannt. Damals galt ich als ,heiße Nummer'."

Über ihre ersten Probeaufnahmen:
„Blonde Haare und Busen, so fing ich an. Ich konnte nicht spielen. Ich hatte nur meine blonden Haare und einen Körper, der den Männern gefiel. Ich kam weiter, weil ich die richtigen Männer traf."

„Ich war auf fünf Titelseiten erschienen. Meistens waren es Männermagazine mit Covergirls, die gut gebaut sind. Auf dem Titelblatt von *See* erschien ich vier- oder fünfmal hintereinander. Jedesmal änderten sie meinen Namen. Einen Monat hieß ich Norma Jean Dougherty – das war der Name meines ersten Mannes. Im zweiten Monat hieß ich Jean Norman. Ich weiß nicht, welche Namen sie noch verwendeten, aber jedesmal muß ich anders ausgesehen haben."

„Die meisten von uns versuchten, einen alten Knaben zu finden. Ich wurde ziemlich schnell bekannt. Damals galt ich als ,heiße Nummer'."

„Es gab verschiedene Posen – draußen, drinnen, aber meistens saß ich nur da und schaute auf den Pazifik. So entstand die Idee mit dem Badeanzug. Auf diesen Bildern sah man nicht viel vom Ozean, aber dafür viel von mir.

Einer der Titel, auf denen ich erschien, gehörte zu keinem Männermagazin. Es hieß *Family Circle.* Ich hielt ein Lamm in der Schürze. Ich war die mit der Schürze. Aber auf den meisten Titeln hatte ich so etwas wie ein gestreiftes Handtuch an. Das Handtuch war gestreift, weil der Titel farbig sein sollte, und die Streifen waren die Farbe. Ein großes Gebläse blies auf das Handtuch und auf mein Haar. Das war gleich nach meiner ersten Scheidung, und ich mußte unbedingt Geld verdienen. Ich konnte nicht tippen. Ich konnte *überhaupt nichts.* Und dann hatte Howard Hughes einen Unfall.

Er lag im Krankenhaus, und Hedda Hopper schrieb: ,Howard Hughes scheint es besserzugehen, denn er hat um Fotos von einem neuen Mädchen gebeten, das er auf vier oder fünf verschiedenen Titelblättern gesehen hat.' Gleich danach besorgte sich Howard Hughes' Casting Director meine Telefonnummer und rief mich an. Er sagte, Howard Hughes wolle mich sehen.

Aber er muß es vergessen oder es sich anders überlegt haben, denn statt ihn zu sehen, ging ich mit einem Typen namens Harry Lipton, der sich um mich als Fotomodell kümmerte, zum Fox-Studio.

Wenn ich an einer Straßenecke stand oder die Straße entlangging, hielten teure Autos neben mir an, und der Fahrer sagte: ‚Ich könnte etwas für dich tun beim Film. Möchtest du nicht gern ein Goldwyn-Mädchen sein?'

Ich glaube, die Jungs in diesen Autos versuchten nur, ein Mädchen aufzureißen, und da ich einen Agenten hatte, konnte ich

erwidern: ‚Rufen Sie meinen Agenten an.' So kam es dazu, daß Harry Lipton sich um mich kümmerte.

Als Ben Lyon mich sah, sagte er: ‚Du bist das erste Mädchen, das ich seit Jean Harlow entdeckt habe, und ich bin sicher, du wirst es schaffen.'"

„Howard Hughes scheint es besserzugehen, denn er hat um Fotos von einem neuen Mädchen gebeten, das er auf vier oder fünf verschiedenen Titelblättern gesehen hat."

Als Marilyn Monroe einen Vertrag bei den Fox-Studios unterschrieben hatte, gefiel niemandem ihr Name. Damals hieß sie Norma Jean Baker oder Mortenson oder Dougherty.

Mit Ben Lyon

„Ben Lyon von Fox hat meinen Namen geändert. Ich erinnerte ihn an zwei Frauen: an Jean Harlow und an eine Marilyn Miller. Als sie sich einen neuen Namen für mich ausdachten, fragte ich, ob ich den Mädchennamen meiner Mutter behalten könne: Monroe. Es ging also darum, ob ich Jean Monroe oder Marilyn Monroe heißen sollte.

Am selben Abend baten mich ein paar Leute um ein Autogramm. Ich wußte nicht, wie man Marilyn schreibt und mußte fragen."

Marilyn stand für viele Werbefotos Modell, unter anderem für eine Fotoserie, die die Geschichte begleiten sollte, daß sie als Babysitter von einem Talentsucher der Fox-Studios entdeckt worden sei.
„Sie hätten mich zumindest zum Daddysitter machen können."

Marilyn Monroe war in Atlantic City, um sich mit allen Kandidatinnen um den Titel der Miss America zu bewerben. Dort wurde sie von einem Armeeangehörigen angesprochen, der sie mit den „wirklichen Miss Americas", den Armeehelferinnen, fotografieren wollte.

„Dieser Mann hatte die Idee, von einem Stuhl aus zu fotografieren, so daß die Kamera weit in mein Kleid hineinsehen konnte."

Das Foto erregte nicht viel Aufmerksamkeit, und alle Zeitungen warfen es hinaus, bis ein hoher Armeebeamter die Veröffentlichung des Fotos untersagte, weil es zuviel von Marilyn zeigte. Auf der Stelle wurde das Foto bekannt, und obwohl es spät war, stand Marilyn Monroe aus dem Bett auf, um am Telefon folgenden Kommentar abzugeben:

„Ich bin überrascht und verletzt. Ich wußte nicht, daß ich zuviel Dekolleté gezeigt habe. Zwar haben mich die Leute den ganzen Tag angestarrt, aber ich dachte, sie bewunderten mein Großmarschallabzeichen."

„Am selben Abend baten mich ein paar Leute um ein Autogramm. Ich wußte nicht, wie man Marilyn schreibt, und mußte fragen."

Marilyn versuchte Darryl Zanuck zu überzeugen, daß sie anspruchsvollere Rollen spielen könne . . .

„Er war der Meinung, daß niemand Geld ausgeben würde, um mich in einer anständigen Rolle zu sehen. Ich hätte alles getan, damit er mich etwas anderes probieren ließ. Er hatte kein Interesse. Alle anderen Männer hatten es. Warum nicht er?"

Mit Rand Brooks in „Ladies of The Chorus"

star

„Wenn überhaupt, dann hat das Publikum mich zum Star gemacht, nicht das Studio, nicht irgendeine bestimmte Person . . . das Publikum."

„Ich begann zu begreifen, daß ich berühmt bin, als ich jemanden zum Flughafen fuhr. Auf dem Rückweg fuhr ich an diesem Kino vorbei und sah meinen Namen in Leuchtbuchstaben. Ich hielt mit dem Wagen in einiger Entfernung an – es war einfach zuviel, es aus der Nähe zu betrachten. Und ich sagte: ‚Mein Gott, irgend jemand hat einen Fehler gemacht.' Aber dort stand es in Leuchtschrift. Trotzdem hatten sie im Studio gesagt: ‚Du bist kein Star.' Aber es stand in Leuchtschrift da."

„Die Idee, daß ich ein Star bin oder so etwas, bekam ich von den Journalisten – von Männern, nicht von den Frauen –, die mich interviewten, sie waren freundlich und nett. Übrigens, dieser Teil der Presse, die Männer, sie waren immer sehr nett und freundlich zu mir, wenn sie nicht gerade persönlich etwas gegen mich hatten, und sie sagten: ‚Du bist der größte Star', und ich fragte: ‚Star?' Und sie schauten mich an, als ob ich verrückt sei. Auf ihre Weise gaben sie mir zu verstehen, daß ich berühmt war."

„Ich fuhr an dem Kino vorbei, an dem mein Name stand. „Marilyn Monroe". Mein Gott, war ich aufgeregt. Ich wünschte mir, daß sie Norma Jean benutzten, damit alle Kinder im Waisenhaus und in den Schulen, die mich nie bemerkt hatten, es sehen könnten."

Als Marilyn ihren ersten wichtigen Filmvertrag bekam, sagte sie:
„Das ist der letzte Schwanz, den *ich* lutschen muß."

1953 erhielt Marilyn Monroe den Photoplay-Preis als beliebteste Schauspielerin des Jahres. Bei der Preisverleihung trug sie ein recht gewagtes Kleid, das Joan Crawford zu folgendem Kommentar veranlaßte: „Sex spielt im Leben jedes Menschen eine wichtige Rolle. Die Leute interessieren sich dafür, sind davon fasziniert. Aber sie mögen nicht, daß man damit protzt. Man sollte Miss Monroe sagen, daß das Publikum provozierende, weibliche Persönlichkeiten mag, aber es möchte auch wissen, daß die Schauspielerinnen darunter Damen sind."
„Ich glaube, was mich an der Geschichte mit Miss Crawford am meisten traf, war, daß ausgerechnet sie so etwas sagte. Ich habe sie immer dafür bewundert, daß sie eine so wunderbare Mutter war,

die vier Kinder adoptiert hatte und ihnen ein schönes Heim gab. Wer weiß wohl besser als ich, was das für Kinder ohne Heim bedeutet?"

„Es gefiel mir, daß die Verleiher, die für eine Werbeveranstaltung des Studios nach Hollywood kamen, am lautesten und längsten pfiffen, wenn ich hereinkam."

Als Marilyn Monroe einen Preis von der italienischen Filmindustrie bekam, war Anna Magnani bei der Preisverleihung ebenfalls anwesend. Als sie ging, rief die Magnani: „Putana!" (Hure) . . .
„Weibliche Filmstars kommen einfach nicht mit mir zurecht. Sie hassen mich, und ich habe es aufgegeben, mich beliebt zu machen."

Mit Anna Magnani

„Ich weiß noch, wie ich die Rolle in *Blondinen bevorzugt* bekam. Jane Russell – sie war die Brünette, und ich war die Blondine – bekam 200 000 Dollar dafür, und ich bekam meine 500 Dollar pro Woche, aber das war schon ganz schön viel für mich. Sie war übrigens sehr nett zu mir. Aber ich bekam keine Garderobe. Schließlich sagte ich – ich begab mich wirklich auf dieses Niveau: ‚Hört mal, ich *bin* die Blondine, und es heißt *Blondinen bevorzugt*!' Aber sie sagten immer noch: ‚Du bist kein Star.' Ich sagte: ‚Egal was ich bin, ich *bin* die Blondine!'"

In „Blondinen bevorzugt"

„Jeder im Studio wollte mich als Star in seinem Film. Schließlich machte ich *Blondinen bevorzugt* und danach *Wie angelt man sich einen Millionär?* (How to Marry a Millionaire). Diese Filme machten mir Spaß. Es gefiel mir, daß ich mithalf, sie zu einem finanziellen Erfolg zu machen, und daß mein Studio dabei ein Vermögen verdiente, obwohl die Bosse mich nicht für fotogen gehalten hatten. Es gefiel mir, daß die Verleiher, die für eine Werbeveranstaltung des Studios nach Hollywood kamen, am lautesten und längsten pfiffen, wenn ich hereinkam."

„Als Jane Russell und ich zusammen *Blondinen bevorzugt* drehten, wurden wir gebeten, unsere Fußabdrücke vor Grauman's Chinese Theatre in nassen Zement zu drücken, neben dem Abdruck von Jimmy Durantes Nase und Betty Grables Beinen. Ich schlug vor, daß Jane sich in den nassen Zement lehnen und daß ich mich hineinsetzen sollte, aber das wurde abgelehnt. Danach schlug ich vor, daß Grauman's einen Diamanten für den i-Punkt von Marilyn, das ich in den nassen Zement kratzte, benutzen sollten. Schließlich schlossen sie einen Kompromiß und nahmen einen Rheinkiesel, aber irgendein Zuschauer meißelte den Stein heraus."

„Wenn ich alle Regeln befolgt hätte, hätte ich es nie geschafft."

„Ständig sagte ich mir: ‚Worauf kannst du eigentlich stolz sein, Marilyn Monroe?' Und ich antwortete: ‚Auf alles.' Und dann ging

ich sehr langsam und drehte meinen Kopf langsam, so als ob ich eine Königin sei."

„Das einzig Schlimme daran, wenn man aufgrund von ein paar Skandalen berühmt wird, ist, daß man sich nicht auf diesen Skandalen ausruhen kann. Wenn eine Schauspielerin beim Publikum und auf der Besetzungsliste der Hollywood-Produzenten ihren Platz behalten will, muß sie immer wieder in neue Schwierigkeiten geraten. Wenn man fünfunddreißig ist, wird es komplizierter, in der Liebe Probleme zu haben. Und um mit Dreiecksbeziehungen und Caféduellen veröffentlicht zu werden, bedarf es nicht nur schlauer Presseagenten sondern auch eines kleinen Wunders."

„Der Erfolg kam sehr plötzlich. Er überraschte meine Auftraggeber viel mehr als mich selbst. Sogar als ich nur Nebenrollen in kleinen Filmen spielte, druckten alle Kinozeitschriften und Zeitungen mein Bild ab und schrieben über mich. In meinen Interviews erzählte ich immer Lügen – besonders über meine Mutter und meinen Vater. Ich log, weil ich mich dafür schämte, daß die Welt erfahren würde, daß meine Mutter in einer Irrenanstalt lebte und daß ich ein uneheliches Kind war und nie die Stimme meines leiblichen Vaters gehört hatte."

„Ich konnte es nicht glauben. Tausende riefen nach mir. Es machte mir angst, aber ich würde es wieder tun. Ich konnte einfach nicht glauben, daß die Fanpost echt war, bis ich für die Truppen in Korea sang. Wow! Sie mochten mich wirklich."

„Wenn ich reise, ist es immer dasselbe. Egal wohin ich gehe oder warum, es endet immer auf dieselbe Weise. Ich habe nie etwas gesehen. Wenn man ein Star ist, ist es wie auf einem Karussell."

„Es ist, als ob es einem Menschen neben mir passiert. Ich bin in der Nähe, ich kann es fühlen, aber ich bin es nicht wirklich."

„Eines Morgens bin ich früh um acht nach New York geflogen, und da warteten all diese Fotografen, um mich am Flughafen zu fotografieren, und den ganzen Morgen über hatte ich Interviews mit einer Reihe von Presseleuten. Diese Interviews fanden im Abstand von zwanzig bis dreißig Minuten statt. Dann fuhr man

mich zu einem Essen mit einer Gruppe von Zeitschriftenleuten, und gleich nach dem Essen ging's zum Daily-News-Gebäude. Ich glaube, niemand hält so etwas lange durch. Was es noch schwieriger macht, ist, daß ich eine bestimmte Art von dummer Ernsthaftigkeit habe. Ich will nicht jedem, der mich interviewt, dasselbe sagen. Ich will, daß jeder etwas Neues und Anderes und Exklusives bekommt. Wenn ich mir darüber zuviel Sorgen mache, wird mir richtig übel."

„Ich weigere mich, Artikel in Kinozeitschriften erscheinen zu lassen, die mit ‚Marilyn Monroe' unterschrieben sind. Vielleicht bekomme ich den Artikel nie zu Gesicht und irgend jemand im Studio gibt sein Okay. Das ist falsch, denn als kleines Mädchen las ich solche Geschichten in Fan-Zeitschriften und glaubte jedes Wort. Dann versuchte ich, mein Leben nach dem Leben dieser Stars auszurichten. Wenn ich diese Art Einfluß habe, will ich sicher sein, daß ich es tatsächlich gesagt oder geschrieben habe."

„Berühmtheit erregt Neid. Menschen, die man trifft, sagen: Wer ist sie, wer glaubt sie denn zu sein, diese Marilyn Monroe? Sie glauben, daß deine Berühmtheit ihnen das Recht gibt, dir alles zu sagen, egal was – und daß es dir nicht wehtut – so, als ob sie mit deiner Kleidung reden."

„Frühmorgens, wenn ich hinausschaue, sagen die Müllmänner auf der 57. Straße: ‚Hi, Marilyn! Wie geht's dir heute?' Es ist eine Ehre für mich, und ich liebe sie dafür. Diese Arbeiter! Ich muß nur an ihnen vorübergehen, und sie pfeifen."

Manchmal ging Marilyn ohne Make-up, mit einer dunklen Sonnenbrille und einem Kopftuch spazieren . . .
„Trotzdem hielten die Leute mich an und sagten: ‚Ich weiß, wer Sie sind.' Und ich sagte: ‚O nein, das stimmt nicht. Ich bin Sheree North' oder: ‚Ich bin Mamie Van Doren.'

‚O nein!' sagten sie dann. ‚Wir erkennen die Stimme.'"

„Ich wußte, daß ich dem Publikum gehörte, daß ich der Welt gehörte, nicht wegen meines Talents, nicht weil ich schön war, sondern weil ich nie einem einzelnen Menschen gehört habe. Das Publikum war meine einzige Familie, mein einziger Wunschprinz, das einzige Haus, von dem ich je träumte."

Als sie bei dem Film Something's Got to Give *gefeuert wurde, hatte sie schreckliche Angst, daß sie ganz verschwinden würde:*
„Wenn ich im *Playboy* wäre, würden alle wissen, daß mit mir noch zu rechnen ist."

schauspielerei

Marilyn war immer bemüht, in der Öffentlichkeit zu stehen.

„Es ist besser, wenn die ganze Welt dich kennt, selbst wenn du ein Sexstar bist, als wenn dich überhaupt keiner kennt. Wenn ich so berühmt bin, bekomme ich sicher bald gute Rollen. Ich werde es nicht übereilen."

„Die Schauspielerei war etwas Goldenes und Schönes. Es war keine Kunst. Es war wie ein Spiel, durch das man aus der bekannten, langweiligen Welt hinaus in die helle Welt treten konnte. Schon der Gedanke ließ das Herz höher schlagen."

„Als ich jünger war, ging ich immer zu Grauman's Chinese Theatre und versuchte, meinen Fuß in die Zementabdrücke dort zu stellen. Dann sagte ich: ‚Oh, mein Fuß ist zu groß, also wird das wohl nicht klappen.' Ich hatte so ein komisches Gefühl, als ich später meinen Fuß in den nassen Zement setzte. Ich wußte, was es wirklich für mich bedeutete – alles ist möglich, fast alles."

„Die Schauspielerei ist nicht etwas, das man tut. Statt es zu tun, passiert es einfach . . . wenn man es mit Logik versucht, kann man gleich aufhören. Man kann sich bewußt vorbereiten, aber die Ergebnisse müssen unbewußt sein."

Joe DiMaggio wollte, daß Marilyn die Schauspielerei aufgab. Er liebte sie um ihrer selbst willen und wollte sie als seine Vollzeit-Ehefrau. Er war reich, und sie hätte keine Karriere für ein Auskommen gebraucht. Aber trotz Joes Einstellung war Marilyn so fest entschlossen wie immer . . .

„Er meinte, daß ich kein Talent hätte. Das machte mir angst. Ich wollte eine Karriere. Ich konnte damals nicht spielen, aber ich wollte es lernen. Er dachte, daß ich die tollste Frau sei, die es gab, aber er glaubte nicht, daß ich spielen könne. Joe sagte, man würde mir nie die Rollen geben, die ich wollte, selbst wenn ich wie Bette Davis spielen könnte. ‚Du bist für immer die dumme Blondine', sagte er. Aber ich wollte es mir selbst und ihm beweisen.

Ich war immer ein Niemand. Dann hatte ich die Chance, jemand zu sein. Ich konnte jetzt nicht aufgeben, wo es gut für mich

Mit Tommy Rettig in „Fluß ohne Wiederkehr"

aussah. Ich konnte nicht nur Hausfrau sein, auch nicht Joes Hausfrau. Ich mußte sehen, ob ich es allein schaffen konnte . . . Das war alles. Wenn ich Joe jetzt erzähle, was ich durchmache, sagt er einfach: ‚Hab' ich dir doch gleich gesagt', und immer denke ich, daß er recht hatte. Aber ich liebe es, ein Star zu sein. Nach allem, was ich durchgemacht habe, kann ich jetzt nicht aufhören."

„Man muß nichts wissen, um träumen zu können. Ich wußte nichts über die Schauspielerei. Ich hatte nie ein Buch darüber gelesen, es nie versucht, nie darüber gesprochen. Ich schämte mich, den wenigen Leuten, die ich kannte, zu sagen, wovon ich träumte."

Kurz vor ihrer Scheidung bei der Premiere von „Das verflixte siebente Jahr"

„Studio-Bosse sind auf ihre Macht bedacht. Sie sind wie Politiker, die auch ihre eigenen Kandidaten aussuchen wollen. Sie mögen es nicht, wenn das Publikum sich erhebt und ihnen ein Mädchen . . . auf den Schoß setzt und sagt: ‚Mach einen Star aus ihr.'"

„Ich wußte, wie drittklassig ich war. Ich konnte mein fehlendes Talent spüren, so als ob es ein billiges Kleid in meinem Innern war. Aber, bei Gott, ich wollte lernen."

„Bei den Dreharbeiten gab es immer Dutzende von Statistinnen, die sich bewegen und ein oder zwei Zeilen aufsagen mußten. Einige waren schon lange dabei. Nach zehn Jahren beim Film sagten sie noch immer nur eine Zeile auf und liefen ein paar Meter ins Nichts. Ein paar waren jung und hatten einen hübschen Busen, aber ich wußte, daß sie anders waren als ich. Sie hatten nicht meine Illusionen. Meine Illusionen drehten sich nicht darum, eine gute Schauspielerin zu sein. Ich wußte, wie drittklassig ich war. Ich

Mit Tom Ewell in „Das verflixte siebente Jahr"

konnte mein fehlendes Talent spüren, so als ob es ein billiges Kleid in meinem Innern wäre. Aber, bei Gott, ich wollte lernen, wollte mich ändern und verbessern! Keine Männer, kein Geld, keine Liebe, sondern spielen können. Wenn die Scheinwerfer und die Kameras auf mich gerichtet waren, sah ich mich plötzlich selbst. Wie unbeholfen, leer und unkultiviert ich war! Ein verdrossenes Waisenkind mit einem Gänseei als Kopf."

Mit Buddy Adler,
Produzent bei der Twentieth Century Fox

„In Hollywood ist die Tugend eines Mädchens viel unwichtiger als seine Frisur. Man wird danach beurteilt, wie man aussieht, nicht danach, was man ist. In Hollywood zahlt man tausend Dollar für einen Kuß und fünfzig Cent für die Seele. Ich weiß es, denn ich habe das erste Angebot oft genug abgelehnt und wegen der fünfzig Cent ausgehalten."

Mit Cary Grant und Charles Coburn in „Liebling, ich werde jünger“

Nach der Premiere von Wie angelt man sich einen Millionär?: „Das ist wohl die glücklichste Nacht meines Lebens. Es ist wie damals, als ich ein kleines Mädchen war und mir vorstellte, wie mir wunderbare Dinge passierten. Und jetzt passieren sie . . .

Es ist komisch, wie Menschen einen wegen des Erfolgs hassen. Ich wünschte, das wäre nicht so. Es wäre schön, wenn man sich freuen könnte, ohne den Neid in den Augen der anderen zu sehen.“

„In Hollywood wurden Millionen und aber Millionen Dollar verdient, aber es gibt nirgendwo ein Denkmal oder Museum. Einen Fußabdruck vor Grauman's Chinese Theatre betrachtete ich nicht als Denkmal, obwohl es mir damals viel bedeutete. Niemand hinterläßt etwas in Hollywood. Ich meine die Leute, die die Millionen verdient haben, nicht die einfachen Arbeiter.“

„Ich glaube, ich habe Talent. Ich kann beobachten. Ich hoffe, daß das beim Schauspielern hilft. Ich hoffe, ich kann es einsetzen.“

„Ich fühle mich nicht mehr so hoffnungslos wie früher. Ich weiß nicht warum. Ich habe etwas von Freud gelesen, und vielleicht hat es mit dem zu tun, was er gesagt hat. Ich glaube, er war auf dem richtigen Weg.

Ich will eine wahre Schauspielerin sein, keine oberflächliche. Jetzt lerne ich zum ersten Mal, mich als Schauspielerin ganz einzusetzen. Ich möchte dem, was ich vorher hatte, noch etwas hinzufügen. Einige glaubten, daß sie genug für ihr Geld bekamen, als sie mich in *Das verflixte siebente Jahr* sahen, aber ich möchte, daß sie mehr bekommen, wenn sie mich in Zukunft sehen. Erst heute hat ein Taxifahrer zu mir gesagt: ‚Warum haben Sie bloß in diesem Mistfilm *Fluß ohne Wiederkehr* (River of No Return) mitgespielt?'

Das war eine gute Frage . . . Ich weiß genau, was dieser Taxifahrer meint. Heute würde ich *Fluß ohne Wiederkehr* nicht mehr annehmen. Ich weiß, daß ich etwas Besseres verdiene als schlechte Cowboyfilme, in denen die Schauspielerei hinter der Landschaft und dem Cinemascope an zweiter Stelle steht. Das

Marilyn unterzeichnet den Vertrag für „Manche mögen's heiß". Links: Produzent Walter Mirisch

Studio war damals Cinemascope-bewußt. Die Landschaft wurde in den Vordergrund gestellt und nicht die Schauspieler und Schauspielerinnen."

„Ich bin gegangen, weil es nichts bringt, mit Leuten zu reden, die einem nicht zuhören. Wenn sie nicht zuhören, rennt man gegen eine Wand. Wenn man das nicht kann, was sie wollen, sollte man gehen. Ich habe nie die Chance gehabt, in Hollywood etwas zu lernen. Es ging alles viel zu schnell, immer nur von einem Film zum nächsten.

Ich weiß, wer all diese Geschichten in die Welt gesetzt hat, nachdem ich Hollywood verlassen hatte. Ein großes Studio hat bei bestimmten Kolumnisten und Fachzeitungen viel Einfluß. In einer Zeitung erschien ein Leitartikel, der etwa so lautete: ‚Marilyn Monroe ist dumm, all die wunderbaren Dinge aufzugeben, die die Filmindustrie für sie erreicht hat, bloß um zurück nach New York zu gehen, in der Hoffnung, dort die Schauspielerei zu lernen!'

In „Wie angelt man sich einen Millionär?"

Das sind nicht exakt die Worte des Artikels, aber das war gemeint. Falls man mir Angst einjagen wollte, ist es nicht gelungen. Als ich es las und merkte, daß ich keine Angst bekam, fühlte ich mich stark. Daher weiß ich es."

„Manchmal macht es mich glücklich, zu spät zu kommen. Die Menschen warten auf mich. Sie wollen mich sehen. Ich erinnere mich an all die Jahre, als niemand mich wollte, als niemand das kleine Dienstmädchen Norma Jean wollte – nicht einmal seine Mutter. Es befriedigt mich, die Menschen zu bestrafen, die mich jetzt wollen. Aber eigentlich bestrafe ich nicht sie, sondern die Menschen von früher, die Norma Jean nicht wollten. Je unpünktlicher ich bin, desto glücklicher wird Norma Jean. Ich wundere mich, daß ich überhaupt komme."

„Alle lachen über mich. Ich hasse das. Großer Busen, großer Hintern, großes Geschäft. Kann ich nicht auch mal etwas anderes sein? Wie lange kann man wohl sexy sein?"

Marilyns größter Wunsch war es, eine ernsthafte Schauspielerin zu werden. Sie schien verwirrt und verärgert, weil Hollywood sie zu einem großen Sexsymbol gemacht hatte.

„Ich will spielen. Wirklich. Ich habe genug von diesem Hollywood-Mist. Ich glaube, ich sah ganz gut aus, aber es gab viele Mädchen, die besser aussahen. Sie sollten es sehen. Es ist wie ein Schönheitswettbewerb. Sicher, ich war wohl glücklich . . . für eine Weile.

Wein eine Träne, sagen sie, und wenn du dich nach zwei fühlst und zwei Tränen weinst, ist es nicht gut. Wenn du im Text ‚der' in ‚ein' änderst, wirst du korrigiert. Eine Schauspielerin ist keine Maschine, aber sie behandeln dich so. Wie eine Geldmaschine.

Mit Laureen Bacall und Humphrey Bogart bei der Premiere von „Wie angelt man sich einen Millionär?"

Mit Robert Mitchum in „Fluß ohne Wiederkehr"

Ich tat, was man mir sagte, und wurde nur beschimpft. Alle lachen über mich. Ich hasse das. Großer Busen, großer Hintern, großes Geschäft. Kann ich nicht auch mal etwas anderes sein? Wie lange kann man wohl sexy sein?"

Am 7. Januar 1955 gründeten Marilyn Monroe und Milton Greene die Filmgesellschaft Marilyn Monroe Inc. Es war klar, daß sie andere Rollen in anderen Filmen spielen wollte. Ein Film, der oft genannt wurde, war Die Brüder Karamasow.

„Ich will dramatische Rollen spielen wie *Die Brüder Karamasow*. Aber ich will nicht die Brüder spielen, sondern die Gruschenka. Sie ist eine Frau. Es reizt mich nicht, immer wieder dasselbe zu machen. Ich will als Mensch und als Schauspielerin wachsen . . . in Hollywood hat mich niemand nach meiner Meinung gefragt. Man sagte mir nur, wann ich zur Arbeit erscheinen sollte . . . Ein Grund, warum ich Hollywood verlassen habe und nach New York ins Actors' Studio gekommen bin, war, daß ich hier mehr ich selbst sein kann. Wenn ich nicht ich selbst sein kann, wer kann ich dann sein?"

Als Marilyn Monroe das Actors' Studio besuchte, gab es viele Spekulationen, ob es eine neue Marilyn Monroe geben würde. Marilyn Monroe wollte auf jeden Fall etwas ändern.

„Das muß das Publikum entscheiden, aber ich muß auch etwas in mir befriedigen. Ich werde nicht plötzlich alte Jungfern spielen. Auch wenn man lernt, besser zu spielen, verändert man sich nicht

In „Bus Stop"

plötzlich, trägt hochgeschlossene, langärmlige Kleider und läßt sich die Haare schwarz färben . . . Ich wurde dazu angeregt, Schauspielerei zu studieren, als ich meine eigenen Filme ansah!"

„Neulich fragte mich jemand: ‚Was wollen Sie wirklich hier in New York machen? Was wollen Sie werden?' Und ich sagte zu ihm: ‚Ich will Künstlerin werden.' Und dann fragte er: ‚Wollen Sie anfangen zu malen?' Ihm war es nicht in den Sinn gekommen, daß ich eine Theaterkünstlerin werden wollte."

„Auch wenn man lernt, besser zu spielen, verändert man sich nicht plötzlich, trägt hochgeschlossene, langärmlige Kleider und läßt sich die Haare schwarz färben . . ."

Mit John Huston und Arthur Miller am Set von „Nicht gesellschaftsfähig"

Über das Drehbuch von Machen wir's in Liebe:
„Es ist lächerlich. All meine Filme sind lächerlich. Zumindest bei Fox. Darum will ich aufhören und endlich genau das tun, was ich tun will!"

Über ihre Rolle in Nicht gesellschaftsfähig *(The Misfits) sagte Marilyn*:
„Ich überzeuge sie, indem ich einen Wutanfall kriege, nicht indem ich erkläre, warum es falsch ist. Wahrscheinlich dachten sie, ich sei zu dumm, um etwas zu erklären, also bekomme ich einen Anfall. Einen verrückten Schreianfall. Daß *Arthur* mir das angetan hat! Er sollte dies für mich schreiben. Er hätte *alles* für mich schreiben können, und er schreibt *das* hier. Wenn er so von mir denkt, dann passe ich nicht zu ihm und er nicht zu mir.

Arthur weiß, wie ich zur Farbe stehe. Ich werde furchtbar aussehen. Es ist so schon schlimm genug. Wer wird Geld ausgeben, um das zu sehen? In Anbetracht dessen, wieviel Geld sie für die Stars ausgeben, sollte man wirklich annehmen, daß sie in Farbe drehen würden. Dann sähe ich wenigstens hübsch aus. Sie sind so dumm. Niemand würde in diesem Film mitspielen, wenn es nicht für das Geld wäre . . .

Arthur sagte, es sei *sein* Film. Ich glaube, er will mich nicht einmal dabeihaben. Es ist vorbei. Wir müssen zusammenbleiben, weil es schlecht für den Film wäre, wenn wir uns jetzt trennen würden. Ich weiß nicht, wie lange ich das aushalten kann. Ich glaube, Arthur hat sich bei Huston über alles beklagt, was seiner Meinung nach mit mir nicht in Ordnung ist, daß ich verrückt sei oder so. Darum behandelt Huston mich wie einen Idioten. Warum

behandelt er mich nicht wie eine normale Schauspielerin? Ich wünschte, er würde mir soviel Aufmerksamkeit schenken wie diesen verdammten Automaten in Reno, denn an denen hat er wirklich Spaß.

Es ist ihr Film. Er hat mit Cowboys und Pferden zu tun, sie brauchen nichts anderes. Eigentlich brauchen sie mich überhaupt nicht, nicht als Schauspielerin. Nur fürs Geld. Damit sie meinen Namen aufführen können. Damit die Leute verführt werden, ihr Geld auszugeben, um einen weiteren Sexfilm über eine dumme Blondine zu sehen. Nun, diesmal wird es nicht so leicht sein!"

Bei den Aufnahmen zu Something's Got To Give, *in dem sie zusammen mit Dean Martin spielte, wurde Marilyn Monroe gefeuert, nachdem es im Studio allerlei Schwierigkeiten gegeben hatte. Ihrer Meinung nach kam es zu diesen Problemen nur, weil sie krank war.* „Jeder Schauspieler kämpft mit der Schüchternheit, mehr als man sich vorstellt . . . Ich bin ein sehr unsicherer Mensch. Ich muß wirklich kämpfen . . . Ein Schauspieler ist keine Maschine, auch wenn sie das immer wieder behaupten.

Die Geschäftsführer können eine Erkältung bekommen, zu Hause bleiben und anrufen; aber wie kann man es als Schauspieler wagen, eine Erkältung oder einen Virus zu bekommen . . . Ich wünschte, sie müßten mal mit Fieber und einem Virus in einer Komödie spielen. Ich bin keine Schauspielerin, die nur aus Gründen der Disziplin im Studio erscheint. Das hier hat nichts mit Kunst zu tun . . . es soll eine Kunstform sein, nicht irgendeine Fabrik."

Mit Dean Martin in „Something's Got to Give"

männer

„Eine Karriere ist eine wunderbare Sache, aber man kann sich in einer kalten Nacht nicht an sie ankuscheln."

Kurz vor ihrem Tod lernte Marilyn den mexikanischen Drehbuchautor José Bolanos kennen. Er war einer ihrer letzten Liebhaber.
„Er ist überhaupt nicht attraktiv. Das ist keiner meiner Männer. Aber er hat unglaublich gute Manieren. Und er ist der größte Liebhaber auf der ganzen Welt! Ich habe gehört, daß er die schlechtesten Filme in Mexiko macht! Alberne Romanzen. Aber was kümmert mich das? Alles andere, was er tut, ist unglaublich."

Mit José Balanos

„Ich soll ihn heiraten. Ich kann es nicht glauben. Ich weiß nicht, was ich sagen soll. Wir haben noch gar nicht richtig darüber gesprochen, was José von meiner Karriere hält, wo er leben will. Er ist sogar noch eifersüchtiger als Joe. Vielleicht will er, daß ich mit dem Filmen aufhöre. Wäre das nicht was? Und was wäre, wenn ich in Mexiko leben müßte? Was soll ich tun? Ich liebe ihn."

„Wenn es doch (mit Joe) nur geklappt hätte . . . Warum hat es nicht geklappt? Es ist verrückt . . . zwei Menschen, die sich lieben und nicht heiraten. Wenn ich warte, wird Joe vielleicht . . . aber wenn er es nicht tut, geht José vielleicht . . . und dann bin ich wieder bei Null angelangt. Und ich werde jeden Tag älter . . ."

„Joe meint, kein anderer Mann könne mich lieben. Er ist mein allerbester Freund. Ich will José nicht verlieren. Ich will niemanden verlieren. Wenn mir doch jemand helfen könnte . . ."

„Es ist besser, allein unglücklich zu sein, als mit einem anderen Menschen unglücklich zu sein – bisher jedenfalls."

„Es wird viel über animalischen Magnetismus gesprochen. Ich glaube, Marlon Brando hat ihn, ohne irgend etwas dafür zu tun. Das Interessanteste an Marlon ist seine Empfindsamkeit. Er versucht wirklich, sich selbst zu entdecken. Er will wissen, was hinter allem steckt . . . selbst wenn er sich mit jemandem unterhält. Auf der Bühne ist er ständig auf der Suche. Ich weiß

Mit Marlon Brando

nicht, ob er versucht, sich selbst zu finden oder den Menschen, mit dem er spricht, aber er ist immer auf der Suche. Er bewegt sich großartig. Er geht nicht, er bewegt sich wie ein Tänzer. Er versucht alles zu verstehen. Es ist ungewöhnlich . . . besonders bei einem jungen Mann."

Nachdem sie mit Marlon Brando im Bett gewesen war, sagte sie am Tag danach zu Milton Greene:
„Ich weiß nicht, ob ich es richtig mache . . ."

Marilyn Monroe wurde einmal gefragt, was ihr an Männern nicht gefalle:
„Da fällt mir nichts ein."

Marilyn hatte gehört, daß Montgomery Clift homosexuell sei, aber der Gedanke, daß Männer miteinander schlafen, schien Marilyn sehr merkwürdig. Sie wußte, daß er mit Elizabeth Taylor befreundet war.
„Monty braucht eine Frau, die ihn liebt. Genau wie ich jemanden brauche . . . Er könnte jedes Mädchen haben . . . Ich wette, er schläft mit Elizabeth. Darauf wette ich. Warum mit ihr?"

Marilyn Monroe versuchte, Clift zu verführen, aber er sagte ihr nur, daß sie einen unglaublichen Hintern habe – und dann ging er . . .
„Ich gebe auf. Ich habe es versucht. Ich bezweifle jetzt, daß er irgend etwas mit Elizabeth Taylor hat. Ich scheine mich geirrt zu haben. Er ist durcheinander . . . Aber ich liebe ihn noch immer."

„Es störte mich nicht, es zu tun, aber nichts schien mich zu erregen. Es lag nicht an ihm. Es lag an mir. Aber er nahm es persönlich, und ich mußte so tun, als ob es das Tollste in meinem Leben sei.“

„Johnny Hyde sagte mir, daß er Lana Turner entdeckt hätte, und daß er jetzt mich entdeckte und daß ich es sogar noch weiter bringen würde. Mir wurde schwindelig.

Er war süß, aber als Mann erregte er mich einfach nicht. Ich stellte mir große, dunkelhaarige und attraktive Männer vor. Er war nicht so. Er trug die beste Kleidung in der Stadt, aber sie war wie Puppenkleidung.“

Mit John Huston und Clark Gable

„Es störte mich nicht, es zu tun, aber nichts schien mich zu erregen. Es lag nicht an ihm. Es lag an mir. Aber er nahm es persönlich, und ich mußte so tun, als ob es das Tollste in meinem Leben sei. Ich wünschte, so wäre es gewesen. Johnny war so gut zu mir. Er wollte mich sogar heiraten. Aber nach Jim (Dougherty) wollte ich erst wieder heiraten, wenn ich verliebt war. Ich war es nicht.“

Mit Clark Gable

„Ich mag Tiere. Wenn man mit einem Hund oder einer Katze spricht, sagt einem niemand, man solle den Mund halten."

Am 31. Dezember 1955 unterschrieb Marilyn Monroe ihren letzten Vertrag bei den Fox-Studios. Darin bekundete sie ihre Vorliebe für die folgenden Regisseure (in alphabetischer Reihenfolge):

„George Cukor, John Ford, Alfred Hitchcock, John Huston, Elia Kazan, David Lean, Joshua Logan, Joseph Mankiewicz, Vincente Minnelli, Carol Reed, Vittorio de Sica, George Stevens, Lee Strasberg, Billy Wilder, William Wyler und Fred Zinneman."

Mit Johnny Hyde

„Ein Mann mit perfekten Zähnen könnte mich niemals anziehen. Im Gegenteil, solche Männer stoßen mich ab. Ich weiß nicht, was es ist, aber es muß mit den Männern zu tun haben, die ich kannte und die perfekte Zähne hatten. Sie waren nicht überall so perfekt."

Marilyn Monroe sagte, daß JFK immer seine Hand auf ihren Schenkel legte. Bei einem Abendessen rutschte seine Hand unter dem Tisch immer weiter nach oben, bis er merkte, daß sie nichts unter dem Kleid trug. Schnell zog er seine Hand zurück und errötete . . .
„Er hatte nicht damit gerechnet, so weit zu gehen.

Ich wette, er geht mit seiner Hand nicht unter Jacquelines Kleid. Ich wette, niemand tut das. Sie ist so steif!

Sie tun mir leid, weil sie in dieser Ehe stecken. Ich weiß, daß er nicht in sie verliebt ist. Na ja, vielleicht gefällt es ihr, die First Lady zu sein. Ich werde es nie wissen."

„Nun, er *sieht* nicht *aus* wie ein Präsident. Er ist zu jung."

„Alle verstummten, als ich auftrat, um ‚Happy Birthday' zu singen – wenn ich einen Slip getragen hätte, hätte ich wahrscheinlich gedacht, daß er durchsichtig ist oder so, so auffällig war die Ruhe. Ich dachte, mein Gott, wenn du jetzt keinen Ton herausbringst!"

„Ich mag Bobby, aber nicht körperlich."

Marilyn Monroe machte irgendwann Mitte Juli 1962 Robert Slatzer gegenüber folgende Bemerkung:
„Bobby Kennedy hat versprochen, mich zu heiraten. Was denkst du darüber?"

Als Nikita Chruschtschow Los Angeles besuchte, wurde Marilyn zu einem Ehrenbankett für ihn eingeladen:
„Er war fett und häßlich und hatte Warzen im Gesicht und knurrte. Wer will schon Kommunist sein bei so einem Präsidenten! Ich spürte, daß Chruschtschow mich mochte. Als er mir vorgestellt wurde, lächelte er mehr als bei allen anderen auf diesem Bankett. Und es waren alle anderen da. Er drückte meine Hand so lang und fest, daß ich dachte, er würde sie brechen. Es war wahrscheinlich besser, als ihn küssen zu müssen."

„Ich finde Jerry Lewis ungeheuer sexy. Ich verstehe es nicht, aber es ist so. Vielleicht hat es etwas mit seiner Vitalität zu tun. Ich finde, er hat ein sehr hübsches Gesicht. Wahrscheinlich zieht er nur Grimassen, weil die Leute es erwarten. Jedesmal wenn er und Dean Martin mich sehen, beginnen sie zu schreien und bringen sich fast um. Deshalb mag ich sie. Einmal traf ich Jerry bei einer Probe zu einer Radioshow. Er wünschte mir Glück und sagte, daß es das Wichtigste für mich sei, nicht nervös zu sein. Was zählt, war nicht, was er sagte, sondern daß er es ernst meinte."

Mit Dean Martin und Jerry Lewis beim Redbook Award 1953

„Trotz seiner groben Art ist Robert Mitchum wahrscheinlich einer der sensibelsten Menschen tief im Innern. Ich lernte ihn bei den Außenaufnahmen zu *Fluß ohne Wiederkehr* kennen. Eineinhalb Monate lang waren wir in Kanada. Alles, was er sagt, ist so

Mit Robert Mitchum

ironisch. Bei ihm verliert man die Wahrheit nie aus den Augen. Er geht einer Sache nie aus dem Weg. Er schockiert eine Menge Leute, aber was er sagt, ist wahr. Ich glaube, er könnte ein Dichter sein."

„Das Schlimmste an den Männern ist, daß sie so gerne erzählen. Ich meine nicht die Intellektuellen, die voller Ideen und echtem Wissen stecken. Es ist immer wunderbar, solche Männer reden zu hören, weil sie nicht angeben. Die geschwätzigen Männer, die mich langweilen, sind die, die über sich selbst reden. Manchmal beschränken sie sich auch darauf, einfach ununterbrochen anzugeben. Sie erzählen eine Stunde lang, wie klug sie sind und wie dumm alle anderen sind. Manchmal geben sie auch nicht an, sondern weihen einen in ihre Geheimnisse ein: was sie gerne essen oder wo sie in den letzten fünf Jahren waren."

„Sieht Yves nicht wie Joe aus? Ich liebe seine Stimme. Er ist so sexy. Wow!

Und Simone. Sie ist so klug. Wie kann er nur mit ihr mithalten? Wahrscheinlich kann er es, wenn sie Französisch sprechen. Ich werde Französisch lernen. Es klingt amüsanter als Englisch . . .

Simone ist nicht hübsch, und sie ist älter als er. Wie hat sie ihn nur bekommen? Ich wette, er hat sie geheiratet, um ein *großer* Filmstar zu werden. Er tat es für seine Karriere. Ich kann es ihm nicht verübeln. Man hat es so schwer beim Film. Sie ist sehr nett. Ich weiß, daß er zu ihr aufsieht. Sie hat Glück."

Marilyn Monroe unternahm einen recht verzweifelten Versuch, Montand dazu zu bringen, sich ihr zu erklären. Sie buchte ein Hotelzimmer, wo sie sich mit ihm treffen wollte.

„Er versuchte, freundlich zu sein. Er küßte mich. Aber er sagte, die Vorstellung, Simone zu verlassen, sei lächerlich. Er sagte, er hoffe, daß ich Spaß mit ihm gehabt habe, und erzählte mir, daß es eine ‚schöne Zeit' gewesen sei. Ich war verliebt, und er hatte einfach eine ‚schöne Zeit'. Als letztes sagte er, daß Arthur und ich ihn und Simone in Frankreich besuchen sollten. Das wäre doch was . . . Warum ausgerechnet er? Warum? Ich glaube, es passierte, als sie den Oscar bekam. Ich war so eifersüchtig. Ich wollte sagen: ‚Du hast den Oscar, aber ich habe Yves.' Jetzt sitzen sie wahrscheinlich in Paris und lachen sich über mich kaputt."

„Wir haben es getan! Es war so natürlich, als ob wir füreinander geschaffen seien. Er ist ein Mann – zärtlich, süß und freundlich.

Ich glaube nicht, daß ich die richtige Frau für Arthur bin. Er braucht eine Intellektuelle, mit der er reden kann. Er braucht jemanden wie Simone, und Yves braucht mich. Ich glaube, Arthur wäre es egal. Aber Simone, ich weiß nicht . . . ich hoffe . . ."

„Ich finde Jawahalal Nehru sehr attraktiv. Ich habe ihn nur auf Bildern gesehen. Er ist ein wahrer Blickfang. Ich kann ihn nicht beschreiben. Man muß ihn für das, wofür er steht, bewundern, für das, was er ist. Er ist ein so herausragender Mann . . .

Mit Yves Montand und Frankie Vaughan

Er ist ein denkender Mann. Ich bewundere ihn sehr für das, was er zu tun versucht. Ich würde ihn gerne kennenlernen."

„Ich habe nie jemanden zum Narren gehalten. Sie haben es selbst getan. Manchmal haben sich die Männer nicht darum gekümmert, wer ich bin. Sie erfanden eine Rolle für mich, und ich widersprach nicht. Sie liebten eine Person, die ich nicht war. Als sie das herausfanden, gaben sie mir die Schuld, weil ich ihnen ihre Illusionen genommen und sie zum Narren gehalten hätte."

„Die unbefriedigendsten Männer sind die, die stolz auf ihre Männlichkeit sind und Sex als eine Sportart betrachten, in der man Pokale gewinnt."

Nach ihrer Scheidung von DiMaggio lebte Marilyn Monroe mit Frank Sinatra zusammen. Er bat sie, nicht nackt herumzulaufen, wenn seine Freunde da waren, aber einmal passierte es doch . . .
„Frankie war furchtbar wütend. Er setzte sein Glas so fest auf, daß es zerbrach, und befahl mir, meinen ‚fetten Hintern' wieder nach oben zu bewegen. Wie ich ihn vor seinen Freunden nur so blamieren könne? Als ich sagte, daß sich seine Freunde sicher mehr für mich als für ihre dummen Karten interessierten, wurde ich schnell wieder nüchtern. Er sah mich an, als ob er mich auf der Stelle umbringen wollte. Ich rannte zurück ins Schlafzimmer und weinte. Frankie war so nett zu mir, und ich hatte ihn enttäuscht . . .

Niemand auf der Welt ist so süß wie Frankie. Als er später zurückkam und mich auf die Wange küßte, fühlte ich mich großartig. Von da an zog ich mich *immer* für ihn an. Egal ob jemand zu Besuch kam oder nicht."

Marilyn Monroe kam auf die Idee, daß sie Frank Sinatra heiraten wolle.
„Er ist fast soweit!

Joe wird mich nicht mehr heiraten. Nie mehr. Er liebt mich, aber damit hat sich's. Wir können uns wegen der Filme nicht einigen . . . Frankie würde nicht erwarten, daß ich eine Hausfrau bin. Wir können beide Karriere machen. Es wird perfekt sein . . .

Ich möchte Glück haben . . . nur einmal."

sex-appeal

„Heute scheinen Frauen mit den Maßen 50-50-50 modern zu sein. In den großen Modemagazinen sieht man Fotomodelle, bei denen außer den Hüftknochen nichts hervorsteht. Aber ich bin eine Frau, und je länger ich es bin, desto mehr Spaß macht es mir. Und da ich eine Frau sein *muß*, bin ich froh, daß ich ich bin. Man hat mich gefragt: ‚Macht es ihnen etwas aus, in einer Männerwelt zu leben?' Ich antworte immer: ‚Nicht, solange ich eine Frau bin.'"

„Die Menschen schauen mich an, als ob ich ein Spiegel bin und kein Mensch. Sie sehen nicht mich, sondern ihre eigenen verborgenen Gedanken, und dann waschen sie sich rein und behaupten, daß ich diese geheimen Gedanken verkörpere."

„Wissen Sie, der Production Code (Zensurbestimmungen) läßt nicht zu, daß Leute ihren Nabel zeigen. Ich glaube, nicht einmal Orangen haben das Recht dazu."

Marilyns Augen schienen auf Fotos nie ganz geöffnet zu sein.
„Die Form meiner Lider muß sie wohl schwer erscheinen lassen, oder ich denke an etwas. Manchmal denke ich an Männer;

manchmal denke ich auch an einen bestimmten Mann. Es ist leichter, sexy auszusehen, wenn man an einen bestimmten Mann denkt. Was meinen Mund betrifft, der immer offen ist – sogar im Schlaf. Ich weiß es, denn er ist offen, wenn ich aufwache. Ich denke nie bewußt an meinen Mund, aber ich denke bewußt an das, worüber ich nachdenke."

„Morgens trinke ich zwei in einem Glas heiße Milch verquirlte Eier. Ich esse nie Desserts. Mein Nagellack ist transparent. Ich trage nie Strümpfe oder Unterwäsche, weil ich es für wichtig halte, frei zu atmen. Ich wasche meine Haare jeden Tag und bürste sie ständig. Morgens laufe ich durch meine Wohnung und rolle eine leere Flasche zwischen den Knöcheln, um mein Gleichgewicht zu trainieren."

„Ich habe nie absichtlich etwas für meinen Gang getan. Ich gehe einfach, um irgendwohin zu kommen. Es war nicht einmal in dem Film *Niagara* (Niagara) Absicht, und die Leute behaupten, ich würde mit dem Hintern hin und her wackeln. Ich weiß nicht, was sie meinen. Ich laufe einfach. Ich habe nie in meinem Leben absichtlich mit dem Hintern gewackelt, aber immer haben die Leute behauptet, ich täte es. In der Schule fragten mich die anderen Mädchen: ‚Warum läufst du *so* den Flur entlang?' Ich nehme an, die Jungen haben mir nachgeschaut, und das hat die anderen Mädchen geärgert – aber ich sagte: ‚Ich weiß nicht, was ihr meint. Ich habe mit zehn Monaten laufen gelernt, und ich bin seitdem immer so gelaufen.'"

Über das Vorsprechen zum letzten Marx Brothers-Film Glücklich verliebt *(Love Happy)*:

„Drei Mädchen waren da, und Groucho bat uns alle, von ihm wegzulaufen. Ich war die einzige, die er bat, es zweimal zu tun. Dann flüsterte er mir ins Ohr: ‚Du hast den schönsten Hintern hier.'

Ich bin mir sicher, daß er es freundlich meinte. In dem Film sollte ich nur gehen, aber Groucho sagte, er würde extra ein paar Zeilen für mich schreiben."

Am Set von „Niagara"

Marilyn erholt sich von ihrer Blinddarmoperation

„Mein Hintern ist viel zu groß. Ich höre, daß die Männer das mögen. Verrückt, was?"

„Ich gehe nie in die Sonne, weil ich überall blond sein will."

An eine Journalistin, die wissen wollte, ob sie von Natur aus blond sei:
„Nur Albinos sind von Natur aus blond."

Wenn man sich wirklich überall blond fühlen will, muß man überall blond sein, daher bleichte Marilyn Monroe ihre Schamhaare.
„Es muß zu meinem Haar passen. Mit all meinen weißen Kleidern und so würde es einfach nicht schön aussehen, wenn ich dort unten dunkel wäre. Es würde hindurchscheinen."

1956 ging Marilyn Monroe nach England, um mit Laurence Olivier in Der Prinz und die Tänzerin *zu spielen.*
„Die Engländer sind angeblich so nett, aber sie haben mich wie einen Freak behandelt, einen Sex-Freak. Sie wollten nur wissen, ob ich nackt schlafe, Unterwäsche trage, wie meine Maße sind. Gibt es denn in England keine Frauen?"

An Marilyns dreißigstem Geburtstag . . .
„Kinsey sagt, eine Frau beginnt eigentlich erst mit dreißig zu leben. Das ist eine gute Nachricht – und es stimmt."

In einer Szene in Something's Got to Give *sollte Marilyn einen fleischfarbenen Badeanzug tragen. Aber Marilyn hatte andere Vorstellungen . . .*
„Ich fand den ganzen Film so faul wie diesen ‚nackten Anzug'. Also sagte ich, zur Hölle damit, und zog ihn aus. Sie hätten die Gesichter sehen sollen."

„Ich will nicht alt werden. Ich will so bleiben, wie ich bin. Ich kann immer noch nicht spielen. Monty sah gut aus, aber als er älter wurde, war er immer noch ein großartiger Schauspieler. Ich bin es nicht. Ich rede mir nichts mehr ein. Wenn mein Gesicht alt wird, mein Körper, werde ich ein Nichts sein . . . wie früher."

ehen & scheidungen

Mit 15 Jahren wurde Marilyn Monroe zu ihrer Tante geschickt, um bei ihr zu leben. Die Tante beschloß, daß sie so bald wie möglich heiraten sollte. Ihre Wahl fiel auf den Jungen von nebenan, Jim Dougherty.
„Wir gingen zusammen tanzen. Grace mußte seine Mutter bitten, ihn dazu zu bringen, mich auszuführen. Ich war fünfzehn, er war neunzehn und hatte schon viele Freundinnen. Ich bewunderte ihn, weil er diesen Wagen fuhr. Auch in der Schule erregte er damit viel Aufsehen. Ich besuchte dieselbe Schule und war ein Niemand. Ich bat sogar eine Freundin, mit mir Tanzen zu üben. Ich wollte ganz sicher sein, daß ich ihm nicht auf die Füße treten würde. Als wir dann tanzen waren und diese langsamen Nummern gespielt wurden, bei denen man eng tanzt, schien es ihn überhaupt nicht zu stören. Es war komisch, daß er derjenige war, der mir auf die Füße trat. Er war wohl ziemlich aufgeregt."

Am 1. Juni 1942 heirateten Marilyn und Dougherty.
„Ich hatte nie eine Wahl. Grace ließ mir keine Möglichkeit. Sie zog aus der Stadt fort und wollte wohl sicher sein, daß sich jemand um mich kümmerte. Einmal versuchte ich, ihr zu sagen, daß ich

Mit Joe DiMaggio

Jim Dougherty

nicht verliebt war, und sie kicherte nur: ‚Was weißt du von der Liebe? Du wirst verliebt sein, wenn du verheiratet bist.' Also tat ich, was sie sagte. Aber ich habe mich nie in ihn verliebt.

Eigentlich war unsere Ehe eine Art Freundschaft mit sexuellen Privilegien. Später fand ich heraus, daß auch andere Ehen oft nicht mehr sind. Und daß Männer hauptsächlich dann gute Liebhaber sind, wenn sie ihre Frauen betrügen."

Dougherty sagte später immer, daß ihre Ehe sehr glücklich gewesen sei. Marilyn Monroe hatte nur folgendes darüber zu sagen:
„Es fällt schwer, mich daran zu erinnern, was ich in einer Zeit, die sterbenslangweilig war, tat, sagte oder fühlte. Jim war ein guter Ehemann, er hat mir nie weh getan."

Joe DiMaggio war die einzige und dauerhafte Liebe in Marilyns Leben.
„Wir hätten uns fast nicht kennengelernt. Ich hatte von Joe DiMaggio gehört, aber ich wußte nicht viel über ihn. Am Abend der Verabredung war ich sehr müde und hätte fast abgesagt. Aber ich hatte es versprochen. Ich hatte ihn mir so vorgestellt: glänzende schwarze Haare, auffällige Sportkleidung und New Yorker Akzent . . . Er hatte überhaupt keine Masche drauf. Keine Witze. Er war schüchtern und reserviert, aber gleichzeitig warmherzig und freundlich. Das Essen, das vor ihm stand, rührte er nicht an, er schaute nur mich an. Ich war überhaupt nicht mehr müde. Joe bat mich, am nächsten Abend wieder mit ihm zu Abend zu essen. Ich aß mit ihm an diesem Abend, am nächsten Abend und jeden Abend, bis er wieder nach New York mußte. Ich bin mit niemand anderem ausgegangen."

„Ich hatte gedacht, ich würde einen lauten Sportler treffen. Statt dessen lächelte ich einen reservierten Gentleman im grauen Anzug an, mit einer grauen Krawatte und etwas Grau im Haar. Auf seiner Krawatte waren einige blaue Tupfen. Wenn ich nicht gewußt hätte, daß er irgendein Ballspieler war, hätte ich entweder auf Stahlmagnat oder Kongreßabgeordneter getippt."

Zwei Jahre lang waren Joe und Marilyn „nur Freunde". Gerüchte über eine heimliche Eheschließung wurden scharf dementiert.
„Ich würde eine Ehe nicht geheimhalten wollen – es gäbe keinen Grund dafür. Wo könnten Joe und ich außerdem heiraten, ohne daß es die ganze Welt erfahren würde . . .? Ich bin mir sicher, daß ich in ihn verliebt bin. Ich mag ihn mehr als jeden anderen Mann . . . Wir sind noch nicht beim Baseball angelangt, aber Joe hat eine großartige Fähigkeit zur Koordination."

Mit Joe DiMaggio

„Eigentlich war unsere Ehe eine Art Freundschaft mit sexuellen Privilegien. Später fand ich heraus, daß auch andere Ehen oft nicht mehr sind.“

„Zuerst etwas über Joe . . . Ich glaube, er hat die Grazie und Schönheit eines Michelangelo. Er bewegt sich wie eine lebendige Statue. Ich finde ihn sehr attraktiv. Er ist auf eine fast kindliche Weise ehrlich. Er kann Menschen schnell einschätzen, ohne etwas zu sagen. Er beobachtet gut, hebt alles auf wie ein Schriftsteller. Er hat ein stilles, zurückhaltendes Wesen, das ich gerne besser verstehen würde. Ich weiß nicht, wie ich es erklären soll. Es verleiht ihm Magnetismus. Ich möchte Ihnen noch sagen . . . daß er ein großes Herz hat. Ich finde, das ist wundervoll.“

Nach ihrer Heirat waren Joe und Marilyn zwei Wochen auf Hochzeitsreise. Man muß dazu wissen, daß Joe fernsehsüchtig war . . .
„In dem Haus gab es keinen Fernseher. Joe und ich redeten viel. Wir lernten uns wirklich kennen."

„In der Stummfilmzeit hätten Joe und ich ein großartiges Paar abgegeben."

Flitterwochen in Japan

Nach neun Monaten zerbrach die Ehe.
„Er mochte die Frauen, die ich spielte, nicht. Er sagte, es seien Schlampen. Es störte ihn, daß die Schauspieler mich küßten. Er mochte meine Kostüme nicht. Er mochte nichts an meinen Filmen. Und er *haßte* meine Kleidung. Er sagte, sie sei zu eng und errege die falsche Art Aufmerksamkeit. Als ich ihm sagte, daß ich mich so anziehen müsse, weil es zu meinem Beruf gehöre, sagte er einfach, ich solle aufhören. ‚Ich sorge für dich', sagte er. ‚Das Showbusiness ist nichts für dich.' Joe sagte, daß er als Baseballspieler alles bekommen könnte, aber mich, einen Filmstar, würden die Hollywood-Leute einfach herumstoßen. Ich sollte aufhören."

Obwohl sie meistens keinen Slip trug, offenbarte die berühmte Szene über dem Luftschacht in Das verflixte siebente Jahr, *daß Marilyn Weiß trug. Ihr Co-Star Tom Ewell und das Publikum liebten die Szene im Gegensatz zu Joe, und Marilyn machte sie für ihre Scheidung verantwortlich.*
„Es war diese Sache mit dem Rock, den die Luft der U-Bahn hochblies. Stellen Sie sich vor, ich hätte mich so angezogen, wie ich es eigentlich sonst tue! Das wär was gewesen . . .! Aber was nützt es, ein Sex-Star zu sein, wenn es den eigenen Mann vertreibt?"

„Wenn er in einer Klatschkolumne las, daß man mich mit dem und dem getroffen habe, machte er mir eine Szene. Ich war zwar nicht mehr Mrs. DiMaggio, aber ich sollte noch immer sein Mädchen sein. Er tat so, als ob er immer noch mein Mann sei. Er wollte, daß wir es noch einmal versuchten, aber ich war mir nicht sicher. Wir hatten viel Spaß, aber am Ende stritten wir uns immer. Ich mußte mich schon im Studio rumstreiten, warum also auch noch zu Hause?"

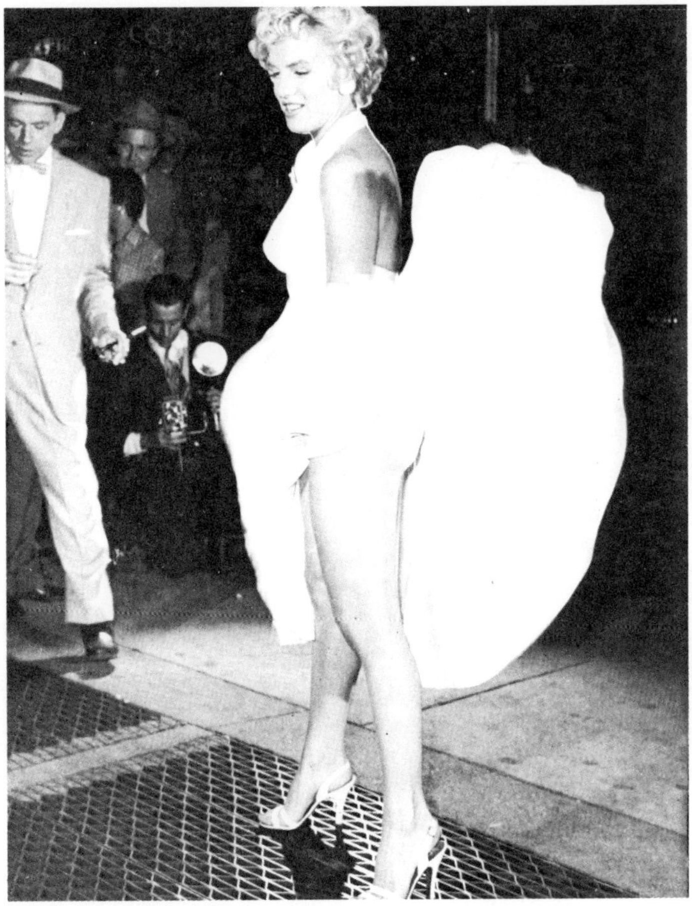

In „Das verflixte siebente Jahr"

„Als ich vor dem Scheidungsgericht erschien, waren Massen von Leuten da, die mir haufenweise Fragen stellten. Sie fragten: ‚Sind Sie und Joe noch immer befreundet?' Ich antwortete: ‚Ja, aber ich weiß immer noch nichts über Baseball.' Alle lachten. Ich weiß gar nicht, was daran komisch war. Ich hatte gehört, daß er ein guter Baseballspieler sei, aber ich habe ihn nie spielen sehen."

Marilyn und Joe DiMaggio ließen sich am 5. Oktober 1954 scheiden.
„Er sprach nicht mit mir. Er war kalt. Ich war ihm egal, als Mensch und als Künstlerin. Er wollte nicht, daß ich eigene Freunde hatte. Er wollte nicht, daß ich meine Arbeit tat. Er sah fern, statt sich mit mir zu unterhalten."

„Joe mißtraute allen in Hollywood außer seinem Freund Frank Sinatra. Wir lebten einfach in zwei verschiedenen Welten. Er verbrachte den ganzen Tag vor dem Fernseher und schaute sich irgendein Spiel an. Tagelang redete er nicht mit mir. Er ist der launischste Mann, den ich je getroffen habe."

Am 1. Juli 1956 heiratete sie Arthur Miller.
„Es ist das erste Mal, daß ich wirklich verliebt bin. Arthur ist ein ernster Mann, aber er hat einen wunderbaren Sinn für Humor. Wir lachen viel und machen Witze. Ich bin verrückt nach ihm."

„Arthur Miller ist einer der wenigen zeitgenössischen Bühnenautoren, die es fertiggebracht haben, das Gefühl unserer Zeit auszudrücken. In ‚Tod eines Handlungsreisenden' (Death of a Salesman) zum Beispiel und auch in seinem neuen Stück über die Hexenjagd. Er hat auch Ibsen adaptiert. Er hat die Begabung, die Menschen durch das, was er sagt, zu erregen. Wir können noch viel Wunderbares von ihm erwarten. Als Mensch ist er sehr attraktiv. Mein Lieblingsstück war ‚Tod eines Handlungsreisenden', aber am besten gefiel mir ‚Focus', ein Buch über den Antisemitismus. Ich wünschte, er würde mehr Bücher schreiben. Es war ein sehr ernstes, großartiges Buch."

„Arthur. Es war Arthur. Er war der Grund, in New York zu bleiben. Er sollte mein Leben verändern, es besser machen, viel besser . . .

Arthur war der einzige ‚kluge Kopf', der mich um meiner selbst willen mochte. Er war nicht nur hinter etwas her. Diese anderen berühmten Typen in Hollywood, die angeblich klug sind, sie tun wirklich nett . . . zuerst, und dann versuchen sie irgend etwas anderes. Sie hatten alle nur eins im Kopf. Aber nicht Arthur. Er mochte mich. Er sah, was Hollywood mir antat. Er würde es nicht zulassen. Das versprach er. Wenn ich nichts gewesen wäre außer einer dummen Blondine, hätte er mich nicht geheiratet . . . oder?"

leben & liebe

„Was weiß ich über das Bedürfnis der Männer nach einem Sexsymbol? Ich bin eine Frau!"

Marilyns erste Liebe . . .

„Als er sagte: ‚Ich liebe dich', bedeutete das mehr, als wenn die Kritiker gesagt hätten, ich sei eine gute Schauspielerin.

Ich versuchte zu verstehen, warum das Leben mit ihm so anders war als vorher. Nichts hatte sich verändert – keine Hoffnung, keine Arbeit, alle Türen waren verschlossen. Aber meine Probleme waren zu einem Haufen Staub geworden, den man in die Ecke gekehrt hat.

Eine Sache war völlig neu für mich – Sex.

Sex ist sehr beunruhigend, wenn er einen kaltläßt.

Als ich nach meiner ersten Hochzeit morgens aufwachte, fragte ich mich, warum die ganze Welt so einen Wirbel um den Sex macht. Für mich war es, als berichte man mir von morgens bis abends über die unglaublichen Qualitäten von Scheuerpulver.

Dann dämmerte es mir. Andere Frauen waren anders als ich. Sie fühlten Dinge, die ich nie gekannt habe.

Ich wünschte mir so sehr, daß es nicht so wäre . . ."

Marilyn behauptete, von einem Pflegevater vergewaltigt worden zu sein. Der Vorfall führte angeblich dazu, daß sie ein Baby bekam, das ihr „zu ihrem Besten" weggenommen wurde . . .

„Er hatte vorher nie mit mir gesprochen. Es war ein gutes Gefühl, daß jemand mir Aufmerksamkeit schenkte . . . Es war schön, in den Arm genommen und geküßt zu werden. Sonst küßt mich niemand. Aber dann hörte er nicht auf. Ich dachte, ich müßte tun, was er sagte. Ich schrie nicht. Ich tat überhaupt nichts. Zuerst tat es sehr weh, dann fühlte ich nichts. Ich lag einfach da. Ich weinte nur.

Ich hatte Angst, daß Grace mich umbringen würde, aber sie war überhaupt nicht wütend. Sie brachte mich zu einem Arzt. Später ging ich ins Krankenhaus und bekam mein Baby. Ich hatte Angst, aber es war wundervoll. Es war ein kleiner Junge. Ich drückte und küßte ihn. Ich konnte nicht glauben, daß es mein Baby war. Ich hatte es ein paar Tage bei mir. Als ich entlassen werden sollte, kamen der Arzt und die Schwester mit Grace herein. Sie guckten alle so komisch und sagten, sie würden das Baby mitnehmen. Es war, als ob man mir einen Schlag versetzte. Ich wollte das Baby behalten, aber Grace warf mir einen bösen Blick zu und sagte, daß es so das Beste sei. Sie sagte, ich sei zu jung, ich hätte genug Schwierigkeiten gemacht und solle den Mund halten. Sie nahmen mir mein Baby weg . . . und ich habe es nie wiedergesehen . . ."

„Sex ist eine verwirrende Sache, wenn er nicht passiert. Als ich verheiratet war, wachte ich morgens auf und fragte mich, ob die ganze Welt verrückt sei, weil so ein Wirbel um den Sex gemacht wird. Es war, als ob man die ganze Zeit über hörte, daß Ofenpolitur die größte Erfindung der Welt sei."

Als Dougherty zur See fuhr, suchte Marilyn Monroe in Cafés nach Abwechslung. Sie merkte, daß die Frauen in einem bestimmten Café regelmäßig mit den Männern weggingen. Schließlich wurde sie auch angesprochen. Der Mann bot ihr fünfzehn Dollar an, wenn sie ihn in ein Motel begleitete.

„Zuerst war ich schockiert. Ich war unerfahren und wußte nicht, was hier vor sich ging. Er trug einen Anzug, also dachte ich, er würde mir nichts tun. Dann dachte ich an ein Kleid, das ich mir wünschte und mir nicht leisten konnte . . . ich war auch ziemlich betrunken, also sagte ich okay. Ich wußte immer noch nicht, was er wollte. Ich sollte mich ausziehen. Das schien ein recht guter Handel für fünfzehn Dollar. Am Strand war ich fast nackt – kostenlos."

Über die Männer, mit denen sie ging, sagte sie:
„Sie sagten mir, ich sei schön, wundervoll, egal was. Sie verhielten sich alle gleich. Ich mußte kein Wort sagen. Mußte mich nur ausziehen. Sie hatten ihr Vergnügen und gingen wieder. Es war mir egal. Ich war daran gewöhnt. Ich erwartete nichts . . ."

Mit Jim Dougherty

Sie wollte, daß er ein Kondom benutzte.
„Er war ziemlich verärgert. Er mußte sich wieder anziehen, hinuntergehen und eine Drogerie finden . . . Er kam ganz schnell wieder!"

Lange Zeit dachten viele, Marilyn Monroe sei die Geliebte von Joe Schenck, dem ehemaligen Boß der Fox-Studios.
„Er ließ mich in sein Landhaus kommen. Ich war noch nie in einem solchen Haus gewesen. Er hatte auch tolles Essen. Damals trank ich zum ersten Mal Champagner. Es gefiel mir, von all den Kinostars zu hören. Joe kannte sie alle. Er schien sich für Busen zu interessieren. Nach dem Essen befahl er mir, mich auszuziehen und erzählte mir Geschichten aus Hollywood. Ich hörte diese wunderbaren Geschichten über John Barrymore, Charlie Chaplin, Valentino und andere, und Mr. Schenck spielte mit meinen Brüsten.

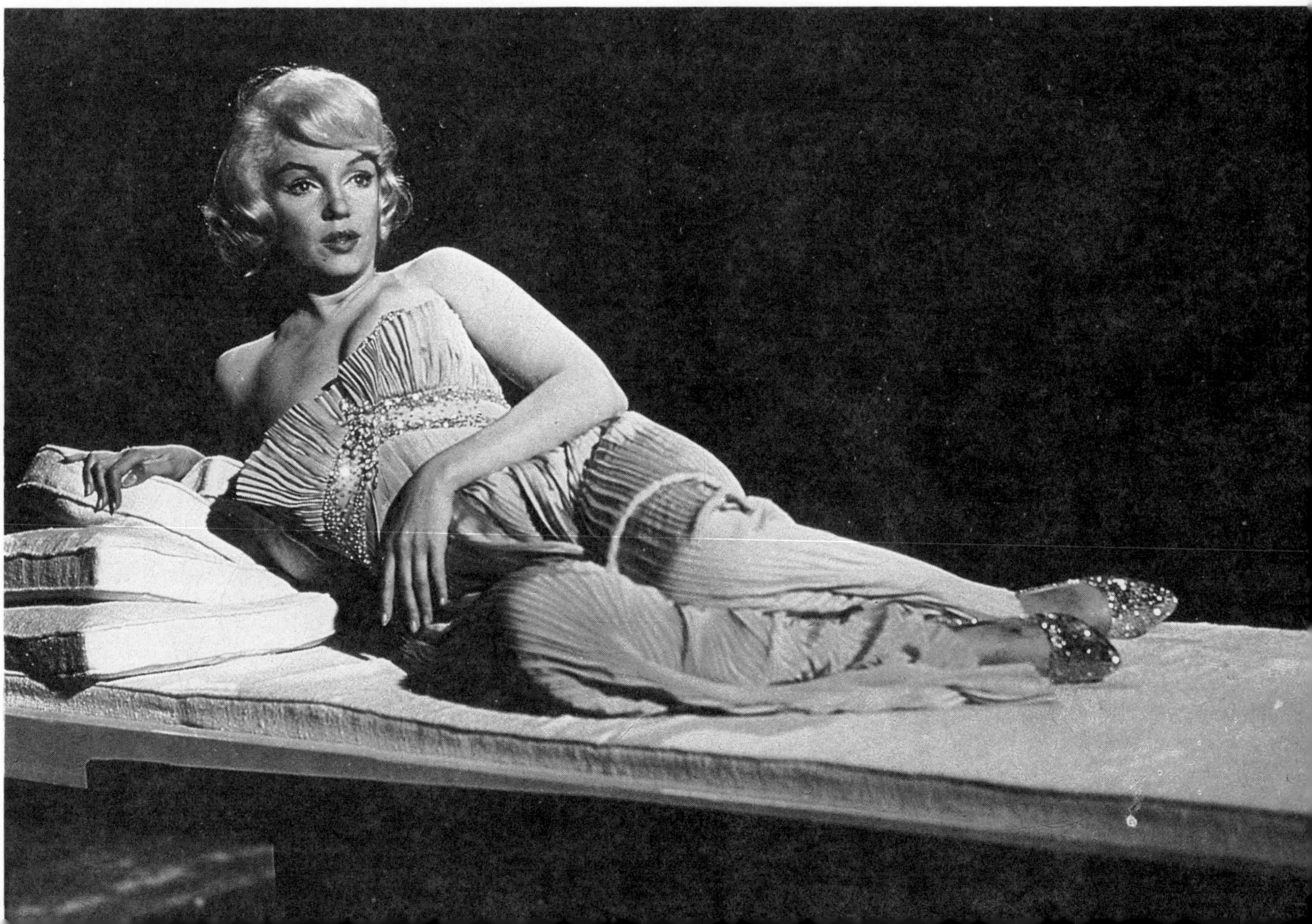

Er wollte nichts anderes tun, er war schon recht alt, aber manchmal bat er mich, ihn zu küssen – da unten . . . Ich möchte das nie mehr machen müssen. Es kam mir vor wie Stunden, und nichts passierte, aber ich hatte Angst aufzuhören. Ich hätte würgen können, aber ich hatte Angst, daß ihn das beleidigen würde. Manchmal schlief er einfach ein. Wenn er wach blieb, tätschelte er mir den Kopf wie einem kleinen Hund und dankte mir. All die anderen Mädchen dachten, jetzt hätte ich es wirklich geschafft. Ha! Ich ging immer wieder hin. Das Essen war jedenfalls gut."

Nachdem sie Jim Dougherty geheiratet hatte, ging er zur Marine und wurde auf einer Basis auf Catalina Island stationiert.
„Schon in der Schule war ich den Jungs aufgefallen, aber auf Catalina war es unglaublich. Ich kam mir vor wie ein Filmstar. All diese Jungs starrten mich an und grinsten. Es gefiel mir, wenn man mir sagte, wie schön ich sei. Es gefiel mir sehr. Mein Leben lang hatte man mich ignoriert, und jetzt begann ich, mich lange im

Spiegel zu betrachten, um zu sehen, was so toll an mir war. Zuerst war Jim stolz, dann begann er, sich Sorgen zu machen. Er vertraute mir nicht, und wahrscheinlich hatte er recht."

„Warum ich eine Sirene war, weiß ich nicht. In meinem Kopf existierte kein Sex. Ich wollte nicht geküßt werden und träumte nicht davon, von einem Herzog oder einem Filmstar verführt zu werden. In Wahrheit war ich mit all dem Lippenstift, dem Mascara und den frühreifen Kurven sowenig sinnlich wie ein Fossil. Aber auf die Leute schien ich einen ganz anderen Eindruck zu machen."

„Die Leute sagen, es sei schick, getrennte Schlafzimmer zu haben. Dann hat der Mann Platz für seine Angelausrüstung und seine

Joe Schenck

Gewehre und zum Schlafen, und die Frau hat ein gemütliches Zimmer mit Rüschen und Dutzenden von Parfümflaschen, die aneinanderklirren. Aber ich bin der Meinung, man sollte sich ein Zimmer teilen. Wenn man getrennte Zimmer hat und dem anderen etwas sagen will, muß man den Flur entlangschleichen. Vielleicht ist man gerade müde und vergißt dann möglicherweise, was man eigentlich sagen wollte. Außerdem sind getrennte Schlafzimmer einsam. Ich meine, man braucht menschliche Wärme, auch wenn man schläft.

Für einen Mann und eine Frau ist es niemals leicht, eng zusammenzuleben. Wenn man nicht in absolut jeder Hinsicht zusammenpaßt, ist es praktisch unmöglich. Aber ich bin immer noch optimistisch . . .

Ich meine allerdings, Fernseher sollten aus dem Schlafzimmer verbannt werden . . . Ich spreche aus Erfahrung. Schließen Sie daraus, was Sie wollen."

„Ein guter Kuß verdient einen zweiten."

Über Natasha Lytess, ihre Schauspiellehrerin:
„Damals war ich so verwirrt. Ich ließ jeden Mann und jede Frau machen, was sie wollten, wenn ich glaubte, er oder sie sei mein Freund. Bei Natasha war das falsch. Sie war nicht wie ein Mann. Sie wissen, was ich meine. Man hat einfach seinen Spaß, und damit hat sich's. Sie war eifersüchtig auf die Männer, mit denen ich ausging. Sie meinte, sie sei mein Mann. Sie war eine tolle Lehrerin, aber diese Sache ruinierte alles. Ich bekam Angst vor ihr."

„Die Menschen haben eine merkwürdige Einstellung zur Nacktheit, genau wie zum Sex. Nacktheit und Sex sind die normalsten Dinge der Welt. Trotzdem tun die Leute so, als ob es sich um Dinge handelt, die nur auf dem Mars existieren."

„Ich war mir nicht bewußt, daß es mit Sex zu tun hatte, daß man mich jetzt mochte, ich dachte nicht an sexuelle Dinge. Ich dachte nicht an meinen Körper."

„Sex ist Teil der Natur. Ich richte mich nach der Natur."

„Wer sagt denn, Nächte seien zum Schlafen da . . ."

Als man sie fragte, was sie im Bett trüge, antwortete Marilyn:
„Chanel No. 5."

„Weiblichkeit und Schönheit haben kein Alter und können nicht vorgetäuscht werden, und wahrer Zauber – die Unternehmer werden dies nicht gerne hören – ist kein Produkt aus einer Fabrik. Jedenfalls nicht der echte Zauber, der auf Weiblichkeit basiert. Sexualität ist nur dann attraktiv, wenn sie natürlich und spontan ist."

„Es ist leichter, sexy auszusehen, wenn man an einen bestimmten Mann denkt."

„Es gibt Menschen, auf die man reagiert, und andere, die nichts hervorrufen. Ich reagiere auch auf Männer, aber ich tue es nicht, weil ich beweisen will, daß ich eine Frau bin. Persönlich reagiere ich auf Marlon Brando. Er ist einer meiner Lieblinge.

Es gibt zwei Arten von Reaktion. Wenn man bestimmte Leute sieht, sagt man: ‚Toll!' Wenn man andere sieht, sagt man: ‚Iih!' Wenn es wahr ist, daß ich ein Sexsymbol bin, müßte das die Kinoeinnahmen steigern, aber ich will nicht kommerziell damit sein . . .

Schließlich trägt man Verantwortung – als Symbol, meine ich."

„Männer glauben stets, sie wollten die *ganze* Nacht mit mir verbringen."
„Joe ist nicht übel. Er trifft beim Baseball. Wenn's nur das brauchte, wären wir noch verheiratet. Ich liebe ihn noch immer. Er ist ehrlich."

„Joe haut dich einfach um, ohne es darauf anzulegen. Frankie dagegen haut dich nicht um, er schlägt dich k.o. Er wird wild. Mein Gott, wie dieser Mann Frauen *liebt.*"

„Wissen Sie, Frankie [Sinatra] und Joe [DiMaggio] haben eins gemeinsam . . ."

„Wenn ich mit einem Mann am Tisch sitze, denke ich nicht an das, was ich esse."

Marilyn glaubte an die Macht der Massage . . .
„Wenn man massiert wird, braucht man keine Schlaftablette mehr. Ich bin sooo entspannt."

Als man sie fragte, ob sie etwas anhatte, als sie für die berühmten Kalenderfotos Modell stand, antwortete Marilyn:
„Das Radio."

„Wie können sie behaupten, daß wir eine Affäre haben? Er ist verheiratet . . ."

„Ich habe gemerkt, daß Männer verheiratete Frauen im allgemeinen in Ruhe lassen und sie mit Respekt behandeln. Männer sind immer bereit, jemanden zu respektieren, der sie langweilt. Und wenn die meisten verheirateten Frauen, selbst die hübschen, so langweilig aussehen, liegt es daran, daß sie sehr respektiert werden."

„Ich bin eindeutig eine Frau, und es gefällt mir."

Epitaph:
Hier liegt Marilyn. Keine Lügen, nur Legenden.

filme

Scudda Hoo! Scudda Hay!

(Twentieth Century Fox, 1948)
Mit June Haver und Lon McCallister.

Marilyn Monroe spielt eine Farmerstochter. Der Regieassistent sagte: „Du gehst zu June Haver, lächelst und sagst „Hallo“. Dann gehst du weiter. Verstanden?“ Leider wurde die Szene herausgeschnitten.

Am Set von „Scudda Hoo! Scudda Hay!“

Dangerous Years
(Twentieth Century Fox, 1948)
Mit William Halop und Anne Todd.
Drehbuch: Arnold Belgard. Regisseur: Arthur Pierson.

Ein Melodram über Jugendkriminalität. Marilyn Monroe spielt die Rolle der Eva, einer Bedienung in einem Café, in dem Jugendliche herumlungern.

Ladies of the Chorus
(Columbia, 1948)
Mit Adele Jergens und Rand Brooks.
Drehbuch: Harry Sauber und Joseph Carol. Regisseur: Phil Karlson.

Marilyn Monroe spielt eine Revuetänzerin, die zum Star der Show avanciert. Sie verliebt sich in einen reichen, jungen Mann, der ihre Vergangenheit nicht kennt. Er erfährt, daß sie als Revuetänzerin arbeitet, aber sie heiraten trotzdem. Marilyn singt zwei Lieder in dem Film: *Every Baby Needs a Da Da Daddy* und *Anyone Can Tell I Love You.*

Love Happy
(United Artists – Mary Pickford Presentation, 1950)
Mit Groucho, Harpo und Chico Marx und Vera-Ellen.
Drehbuch: Frank Tashlin und Mac Benoff. Nach einer Geschichte von Harpo Marx.

Regisseur: David Miller.

Die letzte Marx Brothers-Komödie mit zuwenig Groucho. Die einzige, bemerkenswerte Szene ist die, in der Marilyn Monroe Detektiv Groucho aufsucht und ihn bittet, das Geheimnis zu lösen, warum Männer ihr immer folgen.

„Groucho sagte mir, daß sie für diese Rolle ein Mädchen brauchten, das seinen nachlassenden sexuellen Appetit erwecken könne, indem es einfach auf ihn zugeht. Harpo drückte einmal die Hupe an seinem Spazierstock und lächelte mich an. Ich ging so, wie Groucho es wollte. ‚Perfekt', sagte Groucho, und Harpo hupte dreimal und pfiff auf den Fingern." – *Marilyn Monroe.*

A Ticket to Tomahawk
(Twentieth Century Fox, 1950)
Mit Dan Dailey und Anne Baxter.
Drehbuch: Mary Loos und Richard Sale. Regisseur: Richard Sale.

Ein Scharfschütze soll verhindern, daß ein Zug pünktlich in Tomahawk eintrifft. Unter den Reisenden sind einige Revuetänzerinnen; eine von ihnen spielt Marilyn Monroe. Natürlich wird der böse Plan des Gewehrschützen vereitelt, und auf ihrem Weg nach Tomahawk singen Marilyn Monroe und Dan Dailey gemeinsam mit drei Mädchen das Lied *Oh, What a Forward Young Man You Are.*

Asphalt-Dschungel (The Asphalt Jungle)
(Metro-Goldwyn-Mayer, 1950)
Mit Sterling Hayden, Louis Calhern und Sam Jaffe.
Drehbuch: Ben Maddow und John Huston. Regisseur: John Huston.

Dieser Kriminalfilm ist zu einem Klassiker geworden. Es ist die Geschichte von einem mißglückten Raub und von Gangstern, die sich gegenseitig verraten und umbringen. Marilyn Monroe spielt Angela Phinlay, die Geliebte des einflußreichen Rechtsanwalts und Hehlers Alonzo D. Emmerich, gespielt von Louis Calhern. 1950 war es noch unmöglich, in einem Film eine Geliebte zu haben, daher stellt Emmerich Marilyn Monroe als seine Nichte vor. *Asphalt-Dschungel* wird als ihr Durchbruch als Schauspielerin betrachtet.

Alles über Eva (All About Eve)
(Twentieth Century Fox, 1950)
Mit Bette Davis, Anne Baxter und George Sanders.
Drehbuch: Joseph L. Mankiewicz. Regisseur: Joseph L. Mankiewicz.

Eine Broadway-Satire, in der eine junge, ehrgeizige Schauspielerin (Anne Baxter) die Freundschaft des Stars Bette Davis gewinnt, um ihren Platz im Scheinwerferlicht einzunehmen. Marilyn Monroe spielt die Freundin des Kritikers George Sanders, ein Mädchen, das alles tun würde, um berühmt zu werden, aber es wegen ihres fehlenden Talents nicht schafft.

The Fireball
(Twentieth Century Fox, 1950)
Mit Mickey Rooney und Pat O'Brian
Drehbuch: Tay Garnett und Horace McCoy. Regisseur: Tay Garnett.

Dem Rollschuhstar Mickey Rooney steigt der Ruhm zu Kopf. Statt sich auf das Rollschuhlaufen zu konzentrieren, läuft er einer Reihe von Frauen nach. Zu ihnen zählt auch Marilyn Monroe, die ein Mädchen namens Polly spielt.

Right Cross
(Metro-Goldwyn-Mayer, 1950)
Mit June Allyson, Dick Powell, Ricardo Montalban und Lionel Barrymore.
Drehbuch: Charles Schnee. Regisseur: John Sturges.

Marilyn Monroes Rolle (ihr sechster Film in diesem Jahr) war so klein, daß sie im Nachspann nicht einmal erwähnt wurde. Sie erscheint kurz in einem Nachtklub am Tisch des Sportjournalisten Dick Powell.

Hometown Story
(Metro-Goldwyn-Mayer, 1951)
Mit Jeffrey Lynn und Alan Hale Jr.
Drehbuch: Arthur Pierson. Regisseur: Arthur Pierson.

Ein Ex-Politiker wird Journalist und nimmt es mit den Geschäftsleuten auf, die seiner Meinung nach die Lokalpolitik kontrollieren. Marilyn Monroe spielt Miss Martin, die bei der Zeitung arbeitet.

As Young As You Feel
(Twentieth Century Fox, 1951)
Mit Monty Woolley, Thelma Ritter und David Wayne.
Drehbuch: Lamar Trotti. Regisseur: Harmon Jones.

Eine Komödie über einen Mann, der wegen seines Alters seinen Job verliert. Nach einigen Verwicklungen, bekommt er seinen Job zurück und beweist, daß Alter nichts mit den Fähigkeiten eines Menschen zu tun hat. Marilyn Monroe spielt Harriet, die Sekretärin des Managers.

Marilyn Monroe spielt noch immer kleine Rollen, aber dem Publikum ist es egal, wie die Massen an Fanpost beweisen.

Love Nest
(Twentieth Century Fox, 1951)
Mit June Haver, William Lundigan und Jack Paar.
Drehbuch: I.A.L. Diamond. Regisseur: Joseph Newman.

Eine Komödie über ein Paar, das in finanziellen Schwierigkeiten steckt und dessen Eheglück dadurch bedroht ist. Marilyn Monroe spielt eine alte Bekannte des Ehemanns. Ihr Co-Star Jack Paar schrieb später in seiner Autobiographie: „Wahrscheinlich hätte ich aufgeregt sein sollen, aber ich fand sie ziemlich langweilig. Marilyn sprach atemlos, was entweder Leidenschaft oder Asthma bedeutete. Sie trug Kleider mit so großem Dekolleté, daß es aussah, als sei sie in ihr Kleid geschlüpft und habe sich mit dem Schuh an den Trägern verhakt . . . Sie trug Bücher von Marcel Proust mit sich herum, so daß die Titel sichtbar waren, aber ich habe sie nie darin lesen gesehen. Sie hielt immer die Dreharbeiten auf, weil sie telefonierte. Nach dem was passierte, hatte sie wohl die richtige Nummer drauf.“

Let's Make It Legal
(Twentieth Century Fox, 1951)
Mit Claudette Colbert, Macdonald Carey und Zachary Scott.
Drehbuch: F. Hugh Herbert und I. A. L. Diamond. Regisseur: Richard Sale.

Eine Komödie über Scheidung und Eifersucht mit Marilyn Monroe als schöner Blondine Joyce, deren Aufgabe es ist, Unruhe zu stiften.

Vor dem neuen Tag (Clash By Night)
(RKO, 1952)
Mit Barbara Stanwyck, Paul Douglas und Robert Ryan.
Drehbuch: Alfred Hayes. Regisseur: Fritz Lang.

Ein gemütliches, kleines Drama, in dem Marilyn Monroe in einer Fischkonservenfabrik arbeitet. Sie ist besonders bemerkenswert, weil sie sich von den erfahrenen Schauspielern Stanwyck, Douglas und Ryan nicht die Schau stehlen läßt.

Wir sind gar nicht verheiratet (We're Not Married)
(Twentieth Century Fox, 1952)
Mit Ginger Rogers, David Wayne, Mitzi Gaynor und Zsa Zsa Gabor.
Drehbuch: Nunnally Johnson. Regisseur: Edmund Goulding.

Ein Film, in dem fünf Paare entdecken, daß sie nicht verheiratet sind. Marilyn Monroe spielt Annabel Norris, die glaubte, sie sei mit David Wayne verheiratet. Sie ist gerade zur „Mrs. Mississippi" gewählt worden, einen Titel, den sie zurückgeben muß. Sofort nimmt sie am „Miss Mississippi"-Wettbewerb teil, den sie gewinnt, während ihr Ex-Mann und ihr Baby zusehen. Die Episode endet mit einer Wiederheirat.

Versuchung auf 809 (Don't Bother to Knock)
(Twentieth Century Fox, 1952)
Mit Richard Widmark.
Drehbuch: Daniel Taradash. Regisseur: Roy Baker.

Marilyn Monroes erste Starrolle als psychotischer Babysitter. Sie ist davon überzeugt, daß der Mann, den sie zufällig kennengelernt hat, ihr toter Verlobter ist. Der Film endet mit einem Selbstmordversuch.

Liebling, ich werde jünger (Monkey Business)
(Twentieth Century Fox, 1952)
Mit Cary Grant, Ginger Rogers und Charles Coburn.
Drehbuch: Ben Hecht, Charles Lederer und I.A.L. Diamond. Regisseur: Howard Hawks.

Cary Grant spielt einen Chemiker, der nach einer Formel für ein Verjüngungsmittel forscht. Er trinkt selbst etwas davon und führt sich daraufhin wie ein Schuljunge auf. Sein Chef bittet seine Sekretärin Marilyn Monroe, Grant zu suchen. Als sie ihn findet, beginnen sie zu spielen – bis die Wirkung des Mittels nachläßt.

Vier Perlen (O. Henry's Full House)
(Twentieth Century Fox, 1952)
Fünf Episoden. Die Episode, in der Marilyn Monroe auftritt, heißt:
The Cop and the Anthem.
Mit Charles Laughton und David Wayne.
Drehbuch: Lamar Trotti. Regisseur: Henry Koster.

Charles Laughton spielt einen Stadtstreicher, der ein Verbrechen plant, damit er den Winter im Gefängnis verbringen kann. Er beginnt, Marilyn Monroe auf der Straße zu belästigen, aber als er merkt, daß sie selbst auf der Straße arbeitet, um ihren Lebensunterhalt zu verdienen, ergreift er die Flucht.

Niagara (Niagara)
(Twentieth Century Fox, 1953)
Mit Joseph Cotton, Jean Peters und Casey Adams.
Drehbuch: Charles Brackett, Walter Reisch und Richard Breen. Regisseur: Henry Hathaway.

Marilyn Monroe spielt Polly, eine untreue Ehefrau, die gemeinsam mit ihrem Geliebten plant, ihren Mann umzubringen. Anstelle des Ehemanns stirbt jedoch der Geliebte, anschließend wird Marilyn von ihrem Mann erwürgt.

Blondinen bevorzugt (Gentlemen Prefer Blondes)
(Twentieth Century Fox, 1953)
Mit Jane Russell, Charles Coburn, Elliot Reid und Tommy Noonan.
Drehbuch: Charles Lederer. Nach dem Musical von Joseph Fields und Anita Loos, das wiederum auf dem Buch von Loos basierte. Regisseur: Howard Hawks. Musicaleinlagen: Jack Cole.

Zwei Komödiantinnen sind auf einem Schiff auf dem Weg nach Paris, wo eine von beiden einen Millionär heiraten wird. Unterwegs kommt es zu allen möglichen Komplikationen, aber am Ende wird alles gut. Jane Russell als Dorothy und Marilyn Monroe als Lorelei sind unvergeßlich in dieser brillanten Komödie.

Wie angelt man sich einen Millionär (How to Marry a Millionaire)
(Twentieth Century Fox, 1953)
Mit Betty Grable, Lauren Bacall, William Powell und David Wayne.
Drehbuch: Nunnally Johnson. Regisseur: Jean Negulesco.

Eine unwiderstehliche Komödie, in der drei Models sich eine teure Wohnung in New York teilen, um sich einen Millionär zu angeln. Marilyn Monroe ist die kurzsichtige Pola, die sich weigert, in Begleitung von Männern eine Brille zu tragen, und in alle möglichen komischen Situationen gerät; Betty Grable als Loco und Lauren Bacall als Schatze.

Fluß ohne Wiederkehr (River of No Return)
(Twentieth Century Fox, 1954)
Mit Robert Mitchum.
Drehbuch: Frank Fenton. Regisseur: Otto Preminger.

Ein Western, in dem die Saloon-Sängerin Kay (Marilyn Monroe) sich mit Robert Mitchum und seinem Sohn auf einem Floß wiederfindet, als sie versuchen, vor den Indianern zu fliehen. Es gelingt ihnen, und Mitchum und Monroe beginnen gemeinsam ein neues Leben.

Rhythmus im Blut (There's No Business Like Show Business)
(Twentieth Century Fox, 1954)
Mit Ethel Merman, Donald O'Connor, Dan Dailey, Johnnie Ray und Mitzi Gaynor.
Drehbuch: Phoebe und Leon Shamray. Regisseur: Walter Lang.

Donald O'Connor, einer der „Fünf Donahues" (eine Artistenfamilie) verliebt sich in Marilyn Monroe, die als Garderobenfräulein Vicky in einem Nachtklub arbeitet, wo sie auch auftritt. Nach den vorhersehbaren Komplikationen werden „Die Fünf Donahues" mit Marilyn zu den „Sechs Donahues". Zusammen singen sie den Titelsong: *There's No Business Like Show Business.* Marilyn Monroe singt außerdem: *After You Get What You Want. You Don't Want It. Heat Wave. Lazy. You'd Be Surprised.* Alle Songs von Irving Berlin.

Das verflixte siebente Jahr (The Seven Year Itch)
(Twentieth Century Fox, 1955)
Mit Tom Ewell.
Drehbuch: Billy Wilder und George Axelrod. Nach dem Bühnenstück von George Axelrod. Regisseur: Billy Wilder.

Eine exzellente Komödie, in der ein Mann (Tom Ewell), der den Sommer allein in seiner Wohnung in New York verbringt, ein Mädchen kennenlernt, das eine Wohnung über der seinen gemietet hat. Es folgen eine Reihe unvergeßlicher Szenen: Marilyn, die zu ihrer Wohnung hinaufgeht, nachdem sie sich im Ventilatorkabel verfangen hat; Marilyn, die sagt, daß sie ihre Höschen im Sommer immer im Kühlschrank aufbewahre; Marilyn, die ihre Kartoffelchips in Champagner taucht, und Marilyn, die sich über einem U-Bahn-Schacht abkühlt – wahrscheinlich die berühmteste Szene der Filmgeschichte.

Bus Stop
(Twentieth Century Fox, 1956)
Mit Don Murray.
Drehbuch: George Axelrod. Regisseur: Joshua Logan.

Don Murray spielt einen jungen, unerfahrenen Rodeo-Cowboy, der eines Abends im Blue Dragon Café in Phoenix auftaucht. Cherie (Marilyn Monroe) tritt dort mit wenig Erfolg auf. Die Kunden achten nicht auf ihre Vorstellung und reden weiter, bis Murray ihnen Einhalt gebietet. Murray verliebt sich und sagt Cherie, daß er sie heiraten werde. Nach großem Widerstand von Marilyn macht er es wahr. Marilyn Monroe singt *That Old Black Magic*.

Der Prinz und die Tänzerin (The Prince and the Showgirl)
(Warner Bros – Marilyn Monroe Productions, 1957)
Mit Laurence Olivier und Sybil Thorndike.
Drehbuch: Terence Rattigan. Regisseur: Laurence Olivier.

Der Prinzregent von Karpatien, Großherzog Charles (Laurence Olivier) hält sich 1911 in London zur Krönung von König George V. auf. In London lernt er die amerikanische Schauspielerin Elsie Marina (Marilyn Monroe) kennen. Der Prinzregent verliebt sich, aber Marilyn wimmelt ihn ab, merkt dann jedoch, daß auch sie sich in ihn verliebt hat. Jetzt ist Olivier derjenige, der auf Distanz geht. Schließlich kehrt der Prinzregent nach Karpatien zurück, verspricht aber wiederzukommen, um Marilyn zu heiraten, und sie verspricht, auf ihn zu warten.

Manche mögen's heiß (Some Like It Hot)
(United Artists-Mirisch Company, 1959)
Mit Jack Lemmon, Tony Curtis, George Raft und Joe E. Brown.
Drehbuch: Billy Wilder und I.A.L. Diamond. Regisseur: Billy Wilder.

Als einer ihrer beliebtesten Filme ist *Manche mögen's heiß* eine unübertroffene Komödie und fraglos Marilyn Monroes krönender Erfolg. Die Geschichte. Der Saxophonspieler Tony Curtis und der Baßgeigenspieler Jack Lemmon waren zufällig Zeugen des Massakers am Valentinstag. Sie flüchten und arbeiten – als Frauen verkleidet – in einem Damenorchester. Dort lernen sie Sugar Kane kennen. Curtis verliebt sich in sie, während Lemmon die Annäherungsversuche des Millionärs Joe Brown ertragen muß.

Marilyn Monroe singt: *I Wanna Be Loved By You, Running Wild* und *I'm Through with Love.*

Bei den Außenaufnahmen zu „Manche mögen's heiß"

Machen wir's in Liebe (Let's Make Love)
(Twentieth Century Fox, 1960)
Mit Yves Montand und den Gästen Bill Crosby, Milton Berle und Gene Kelly.
Drehbuch: Norman Krasna. Regisseur: George Cukor.

Yves Montand, der Millionär in der Geschichte, weiß, daß er in einer Broadway-Show lächerlich gemacht werden soll. Statt wütend zu werden, besucht er die Show und lernt Amanda Dell (Marilyn Monroe) kennen. Der Regisseur der Show glaubt, daß Montand zum Vorsprechen gekommen sei, und engagiert ihn. Montand nimmt die Rolle an und geht zur Arbeit, wobei er sich natürlich in die Monroe verliebt. Das Ende ist vorhersehbar. Marilyn Monroe singt: *My Heart Belongs to Daddy, Let's Make Love, Incurably Romantic* und *Specialisation.*

Misfits – Nicht gesellschaftsfähig (The Misfits)
(United Artists-Seven Arts, 1961)
Mit Clark Gable, Montgomery Clift, Eli Wallach und Thelma Ritter.
Drehbuch: Arthur Miller. Regisseur: John Huston.

Dies ist der Film, der *Marilyns* Film hätte sein sollen, allein schon weil Gable mitspielte (sie träumte, daß er ihr Vater sei). Das Drehbuch stammte von ihrem Mann, dem berühmten Schriftsteller Arthur Miller, und Huston führte Regie.

Marilyn Monroe, in der Rolle der Roslyn Tabor, läßt sich scheiden und lernt Clark Gable kennen. Gable spielt die neue Art von Cowboy – ohne Wildwest-Romantik. Er und andere fangen Wildpferde, die als Hundefutter weiterverarbeitet werden sollen. Als Gable gegen Marilyns Willen ein Pferd fängt und es dann doch wieder laufen läßt, zeigt er, wer der Boß ist.

„Wohin gehen wir?" fragt sie am Ende des Films, und Gable gibt ihr die einzig mögliche Antwort (die nicht im Drehbuch stand): „Nach Hause."

Something's Got to Give
(Twentieth Century Fox, 1962)
Mit Dean Martin, Cyd Charisse und Phil Silvers.
Drehbuch: Nunnally Johnson. Regisseur: George Cukor.

Eine Neuauflage des Cary Grant-Irene Dunne-Films *My Favourite Wife.* Nach sieben Jahren kehrt eine Frau von einer unbewohnten Insel zurück und stellt fest, daß ihr Mann wieder geheiratet hat. Marilyn spielte eine Nacktszene und wurde von der Fox gefeuert.

Marilyn
(Twentieth Century Fox, 1963)
Ein Kompilationsfilm.